Guía del peregrino para lugares de trabajo

Agustín Chévez, PhD

Este libro es una traducción al español de:

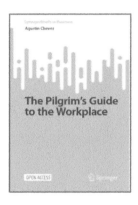

The Pilgrim's Guide to the Workplace
Publicado por Springer como parte de su serie SpringerBrief in Business
ISSN 2191-5482 ISSN 2191-5490 (electronic)
ISBN 978-981-19-4758-2 ISBN 978-981-19-4759-9 (eBook)
https://doi.org/10.1007/978-981-19-4759-9

A mi madre

PREFACIOS

Escribir acerca del trabajo y los lugares donde se ejerce desde la perspectiva de un peregrino resulta inevitablemente en una expansión de lo que solemos asociar con estos dos temas. Expertos en cuatro diferentes disciplinas presentan el libro desde sus propios puntos de vista: el director de diseño y construcción de lugares de trabajo en una empresa global, una autoridad en diseño de organizaciones en una escuela líder de negocios, la directora de investigación a cargo de una de las bases de datos más grandes del mundo en materia de lugares de trabajo y un explorador galardonado con la Medalla de la Orden de Australia por sus contribuciones a la exploración y los negocios.

*

Las peregrinaciones y el diseño de lugares de trabajo no es una combinación común, pero Agustín nos explica por qué debería serlo. Este libro nos recuerda el potencial de pensar en algo durante más tiempo del que solemos hacerlo, y cuando ese *algo* es el lugar de trabajo el resultado puede conducir a mejores prácticas laborales y una comprensión más profunda de nosotros mismos.

Este libro me sirvió como un oportuno recordatorio de la hermosa complejidad que existe en el diseño y construcción de lugares de trabajo, algo que me atrajo a esta industria desde un principio. Desafortunadamente, a menudo pasamos por alto las muchas oportunidades que dicha complejidad nos ofrece y terminamos siguiendo la certeza del camino ya andado.

Sin embargo, hoy en día nos enfrentamos a un futuro incierto en lo que respecta al trabajo y deberíamos de evitar la tentación del atajo. Las decisiones que tomemos ahora en cuanto al trabajo en modalidad híbrida, entre otras, tendrán un impacto en los resultados comerciales de las compañías y darán forma a la nueva realidad laboral. Hay mucho en juego.

Te recomiendo que aceptes la invitación que Agustín extiende en su libro y te le unas como un peregrino más. La recompensa será una variedad de lecciones, o Señales, como él las llama, que en conjunto prometen apuntar hacia la reinvención de los lugares de trabajo.

Víctor M. Sánchez, Director de Diseño y Construcción Global en **LinkedIn**

*

En esta maravillosa narración personal, Agustín relata sus reflexiones acerca del trabajo, las organizaciones y sus arquitecturas mientras camina de Melbourne a Sídney. Durante ese tiempo, las ideas de Charles Darwin, Albert Camus y James March se codean entre ellas, y con unas iguanas.

Para los pensadores humanistas de organizaciones, el gran pacto con el diablo ocurrió cuando nuestra especie descubrió la especialización. En lugar de que todos hagan lo necesario para producir un resultado que los haga sentir orgullosos, algo que puedan tocar y celebrar, ahora el trabajo se divide en tareas independientes que cada persona realiza una y otra vez, mejorando en ello. ¡Bienvenida la eficiencia! Pero adiós a la variedad, autonomía, logro, sentido y propósito.

Para algunos, el gran shock del trabajo remoto creado por la pandemia de COVID-19 tiene un sabor similar. Descubrimos, a placer de unos y a desagrado de otros, que podemos hacer más sin estar físicamente presentes. ¡Bienvenida (aún más) eficiencia! Adiós a la conexión social, la comunidad y los encuentros espontáneos.

Pero quizás esta vez podemos llegar a un mejor pacto con el diablo. Tal y como nos dice Agustín, tanto la soledad como lo absurdo tienen su función en términos de diversidad, novedad y de su descendiente: la innovación. Al mismo tiempo que comienza la fiebre del oro en el metaverso, seguramente se harán muchos experimentos sobre conexión social en el mundo virtual. Algunos de ellos tendrán éxito, y quién sabe, incluso podrían ser interesantes.

Al final del día, tanto los arquitectos como los diseñadores de organizaciones tienen como objetivo diseñar interacciones entre las personas que habitan los lugares y las organizaciones que forman al reunirse. Agustín nos pide que reflexionemos sobre ambos tipos de diseño con una nueva función en mente: regular las interacciones sociales de los trabajadores con el fin de maximizar significado y propósito.

¿No sería interesante replantear lo que hacemos como diseñadores de esta manera tan fundamental?

Prof. Phanish Puranam, Profesor de la Cátedra Roland Berger de Estrategia y Diseño de Organizaciones en **INSEAD**

*

Siempre he considerado a Agustín como un entusiasta de los lugares de trabajo, un aventurero y un pensador profundo. Cada vez que nos vemos para ponernos al día en uno de esos cafés típicos de Melbourne, sé que voy a escuchar ideas que invitan a la reflexión.

Este libro es como uno de esos encuentros en un café, y aún más. Agustín te llevará en un viaje extremo, tanto en el mundo físico como a través de su mente. Desde el principio, te atrapará con una idea que podría parecer contraria a la forma en que pensamos que surge la innovación en los lugares de trabajo: ¿será que las mejores ideas provienen de la soledad? Y como Agustín no es de los que dejan preguntas sin respuesta, para averiguarlo se embarca en una caminata, solo, de Melbourne a Sídney. Muy pronto te encontrarás preguntándote a dónde lo llevará su viaje físico (la caminata) y a dónde nos llevará su expedición intelectual (peregrinaje).

Sin duda, la industria del diseño de oficinas podría aprender bastante si mirara fuera de su propio sector. Agustín lleva esto un paso más allá, o mejor dicho 1,281,772 pasos más allá, y basado en un método de exploración poco convencional, pero al mismo tiempo brillante, descubre 34 Señales que resumen sus principales aprendizajes en el camino.

Personalmente, yo he reflexionado sobre la Señal 6: *El aburrimiento puede convertirse en una herramienta útil de pensamiento*. A medida que el COVID-19 eliminó los viajes de mi calendario, también eliminó el aburrimiento en las salas de espera de los aeropuertos y durante los vuelos. Eran oportunidades de reflexión, momentos que dejaban que mi mente explorara nuevas ideas. De una manera extraña lo echo de menos, y me he dado cuenta de que necesito incorporar un poco de aburrimiento en mi rutina de trabajo desde casa.

Con la ayuda de varios expertos y una extensa revisión de la literatura, Agustín hace todo lo posible para acercarnos al lugar hacia el cual apuntan estas Señales. Pero nosotros también tenemos, individual y colectivamente, la responsabilidad de acercar el lugar de trabajo a ese punto.

Dra. Peggie Rothe, Directora de Estudios e Investigación en **Leesman**

*

Hoy en día, pocas personas se dan el espacio para contemplar profundamente lo que de verdad importa. Es incómodo, y al final no hay una respuesta correcta o incorrecta. Es más fácil mantenernos ocupados en una rutina y vivir la vida superficialmente, instalados en la falsa idea de que tenemos todas las respuestas y la vida bajo control.

Habiendo escalado las Siete Cumbres, esquiado al Polo Norte, el Polo Sur y a través de Groenlandia, así como caminado en áreas inexploradas del Amazonas, he tenido el privilegio de pasar largos períodos en la naturaleza remota, completamente desconectado de la tecnología y el comercialismo. Gran parte de ese tiempo se centró en la supervivencia básica y el movimiento físico hacia adelante, inmerso en el presente. En esos momentos surgen reflexiones sobre lo que realmente importa, que dan forma a mi propia respuesta en constante evolución: explorar y expresar nuestros dones únicos para el beneficio de los demás. Con este fin, creo que nuestro papel en el diseño de lugares de trabajo es fomentar la exploración y expresión de los dones únicos de cada miembro de nuestro equipo.

En su peregrinación, Agustín se propuso encontrar un mejor lugar para trabajar: eso es lo que a él le importa. Como un peregrino más, se adentró y enfrentó a lo desconocido, valiente y confiado en que una fuerza superior trazaría el camino por delante y lo cuidaría. El viaje mismo fue la recompensa de su búsqueda de respuestas a preguntas profundas.

En cualquier diciplina, las ideas valiosas sólo se pueden producir cuando un ser humano con un dominio acumulado en su campo se sumerge en una profunda contemplación. Así fue que Agustín encontró sus Señales para diseñar lugares de trabajo.

Estas Señales ahora son nuestras para usarlas y crear con ellas un lugar de trabajo que refleje lo que tú crees que realmente importa... sin necesidad de caminar de Melbourne a Sídney.

Paul Hameister, OAM, explorador y promotor inmobiliario

PRÓLOGO

Este libro es para las personas que anhelan embarcarse en una aventura en búsqueda de ideas diversas sobre el trabajo y los lugares que lo albergan.

Al emigrar de México a Australia en 2002, dejé atrás no sólo a mis familiares y amigos, sino también la posibilidad de llamarme arquitecto con A mayúscula, debido a las regulaciones profesionales de cada país. Una de las primeras tareas en las que me embarqué en mi nuevo hogar fue iniciar el largo proceso de reclamar mi registro profesional como Arquitecto.

El proceso requería experiencia laboral local, por lo que me uní a un despacho de arquitectura en dónde trabajé en el diseño de un hospital. Los desafíos surgieron rápidamente, no sólo aquellos que son de esperar dada la complejidad de la tarea, sino también los retos de incorporar avances tecnológicos como la actualización de las máquinas de rayos X. Este cambio aparentemente inofensivo desencadenó numerosas modificaciones, entre ellas la sustitución de varios negatoscopios, las cajas de luz para ver radiografías, por monitores para ver las imágenes digitales.

Con frecuencia, mi jefe me recordaba que nos estábamos quedando sin horas (en otras palabras, honorarios profesionales) para coordinar los numerosos cambios creados por las máquinas de rayos X, entre otros. Pero lo que más me preocupaba era no tener tiempo para pensar en cómo esas nuevas máquinas afectarían el flujo de información y las interacciones de la gente con su entorno. Esa pregunta tan importante para mí quedó sin respuesta, incluso después de resolver las otras cuestiones del proyecto, y la tuve en mente tras haber terminado mi experiencia laboral. Desgraciadamente *practicar* la arquitectura deja poco tiempo para *pensar* en la arquitectura, y viceversa.

Fue a través del proceso de registrarme como Arquitecto en Australia que tuve una epifanía: necesitaba pensar en la arquitectura, en particular en lo que se refiere a los lugares de trabajo. Esa revelación me hizo marcar "jubilado" en la forma de registro y decidir pensar acerca de los lugares de trabajo como parte de un doctorado en *La evolución de la arquitectura de lugares de trabajo como consecuencia del desarrollo tecnológico.*[1]

Tengo que agradecer a esas máquinas de rayos X por permitirme "jubilarme" antes de lo que esperaba y por las respuestas que encontré mediante mi doctorado. Sin embargo, inesperadamente, mis investigaciones desenterraron muchas preguntas más.

Aunque en ese entonces era imposible saberlo, todos estos eventos se estaban combinando hasta culminar en una peregrinación en busca de más respuestas. Pero hacía falta una chispa, algo que pusiera en marcha la caminata de 905 km. Esa chispa se encendió en un vuelo de Sídney a Melbourne, donde mi camino se cruzó con el de unas iguanas de las islas Galápagos.

Es en ese vuelo, con esas iguanas, donde comienza este libro.

ÍNDICE

PRIMERA PARTE
EL CAMINO MENOS RECORRIDO

2

Capítulo 1
Iguanas, aislamiento e ideas

Abril 2016, 6pm
30,000 pies sobre Nueva Gales del Sur, Australia

Estoy en un vuelo de Sídney a Melbourne, de regreso a casa después de un día lleno de juntas con clientes en donde presentamos los resultados de nuestra más reciente investigación sobre el diseño de lugares de trabajo. Las conversaciones fueron muy provechosas y se enfocaron en la innovación, un tema de mucho interés para las organizaciones. Platicamos acerca de los mecanismos mediante los cuales el diseño puede ayudar a traer a la luz ideas que las organizaciones intuitivamente saben que existen entre sus empleados, pero que pueden ser muy difíciles de extraer.

Los pasajeros a mi alrededor se veían tan cansados como yo. De tanto hablar durante el día, ahora callaban; era el típico vuelo de negocios de regreso a casa. Resignado a pasar la siguiente hora en el avión, me acomodé en mi asiento, saqué mi iPad y seguí leyendo *La magia de la realidad*,[2] de Richard Dawkins. Concentrarme fue difícil, y me sorprendí a mí mismo releyendo una y otra vez el mismo párrafo hasta llegar al capítulo tres, titulado "¿Por qué hay tantos diferentes tipos de animales?"

Basado en la teoría de Darwin, Dawkins explica cómo surgieron las diferentes especies de iguanas en las islas Galápagos. En resumen, el mar creó una barrera geográfica entre las islas que permitió la evolución de tres especies distintas de iguanas, que en perfecto aislamiento en sus propias islas, nunca interactuaron entre sí. A medida que evolucionaban de diferentes maneras para adaptarse a sus entornos, sus genes tuvieron la oportunidad de diferenciarse.

> *... las separaciones de este tipo fueron originalmente las principales responsables de todas las nuevas especies que han surgido en este planeta.*[2]

La teoría de Darwin se mezcló a tal punto con mis conversaciones de aquella mañana, que interrumpí mi lectura. ¿Qué pasaría si Melbourne y Sídney estuvieran en dos islas diferentes en las Galápagos?, me pregunté. ¿Y si en lugar de iguanas, estas islas imaginarias estuvieran habitadas por ideas? Mi razonamiento era que si la separación geográfica fue lo que dio pie a la diversidad de *especies*, desde ranas hasta elefantes, ¿podría pasar lo mismo con la diversidad de *ideas*?

Mientras veía cómo el paisaje que sobrevolábamos empezaba a oscurecerse, mi mente me llevaba a un destino diferente que lidiaba con el aislamiento y la hiperconectividad que los viajes generan. ¿Y si la conectividad entre Melbourne y Sídney, o Los Ángeles y San Francisco, o Hong Kong y Shanghái, está creando el equivalente intelectual de una colonia de ideas de una sola especie? Una colonia muy prolífica en donde las ideas abundan, pero todas se parecen entre ellas.

Mi perspectiva acerca de la relación entre la innovación y el intercambio de ideas cambió drásticamente. ¿Será que el aislamiento, y no la colaboración, crea condiciones para incubar ideas únicas? Si eso fuese cierto, dichas ideas serían tan diversas que tendrían el potencial de producir innovaciones inimaginables en un mundo hiperconectado.

Una vez en tierra firme y en casa, me acosté en la cama sin poder dormir. Me quitó el sueño imaginar una sociedad creada por ideas diversas, propiciadas por el aislamiento. Dichas ideas eran tan variadas como las especies en nuestro planeta, y también deambulaban entre nosotros.

Estas fantasías eran tan emocionantes que me hicieron prometer que la próxima vez que tuviera una idea, no la enviaría por correo electrónico ni la discutiría por teléfono, tampoco me subiría de inmediato a un avión para hablar con mi jefe en Sídney. No, esta vez le daría a dicha idea la oportunidad de apartarse de la colonia común, dotándola de una capacidad única de innovar. Y aquí es donde el asunto se pone interesante: en ese momento decidí que incubaría una idea en aislamiento durante el tiempo que me tomara caminar de Melbourne a Sídney.

Estoy seguro de que no soy la única persona que ha encontrado el valor y la convicción de planear tonterías en la madrugada. Pero esta vez me prometí a mí mismo que llevaría a cabo mi plan, y con esa certeza caí dormido.

Hizo falta un café cargado para despertarme. En cuanto di el primer sorbo, me di cuenta de las ridiculeces de la noche anterior. Sólo me quedó reír, convencido de que lo mejor sería dejar por la paz a las iguanas y demás animales. Traté de olvidar todo.

Pero las iguanas no me dejaban en paz, me perseguían con la misma persistencia con la que las organizaciones persiguen la innovación. Las logré apaciguar durante un tiempo, soñando despierto mientras me imaginaba caminando a Sídney, lo cual las calmó. Pero esa calma duró sólo dos años, y eventualmente no me quedó más que dejar de soñar, ponerme las botas y salir a corroborar si el aislamiento ayudaría a que una idea evolucionara de manera distinta, si le darían un ADN único.

Capítulo 2
Acerca de este libro

Éste es un tipo de libro muy específico, es una guía, y una guía sirve para dos cosas. La primera es ayudarte a llegar al lugar al que quieres ir. La otra es explicarte la historia, el arte, la arquitectura, la gastronomía, la cultura y la población de los lugares por los que pasas. Es poco probable que encuentres en una guía los detalles de construcción de los edificios o la receta de los platillos que disfrutas durante tus viajes. En cambio, éstas describen concisamente cómo todos estos elementos se han combinado en la experiencia del lugar.

En nuestro caso, el sitio al que queremos llegar es un mejor lugar para trabajar. Y para comprender nuestro destino, esta guía se centra en la combinación del diseño, la administración y el liderazgo en las empresas, así como en aquello que nos define como seres humanos.

Es necesario aclarar que escribí esta guía como peregrino y no como caminante. Esto quiere decir que aquí leerás sobre las reflexiones de la mente –que es el lugar donde ocurre la peregrinación–, y no sobre las hazañas físicas de la distancia recorrida por las piernas.

Te invito a que me acompañes como un peregrino más en un viaje para incubar ideas sobre los lugares de trabajo.

¿Pero por qué detenerse en las ideas? Casi te puedo asegurar que este libro hará por ti lo que ha hecho por mí: cambiar no sólo la forma en la que *pienso* sobre los lugares de trabajo, sino también lo que *hago* al respecto.

Para señalar nuestra peregrinación y ayudarnos a navegar el camino, he creado Señales equivalentes a letreros de señalización que nos indican el rumbo. La flecha nos muestra la dirección a seguir y su tamaño hace que sea difícil pasarlas por alto.

Nuestra primera Señal es:

1) Intercambiar ideas prematuramente y con demasiada frecuencia limita su diversidad y potencial para innovar.

Algunas Señales, tal y como ésta, pueden parecer contradictorias, ya que apuntan en la dirección opuesta a la que creemos que debemos ir. Esto requiere una discusión más detallada, pero para mantener el ritmo y la continuidad de nuestra peregrinación, es mejor postponerla para la quinta parte del libro.

6

Capítulo 3
Alerta de spoiler

Poco después de volver de mi peregrinaje, un editor me pidió que escribiera un artículo[3] acerca del aislamiento en los lugares de trabajo. Esto fue en respuesta a los trágicos eventos que ocurrieron en la remota estación Bellingshausen en la Antártida, dónde presuntamente un investigador apuñaló a un colega porque éste le contaba el final de los libros que estaba leyendo.[4] Un spoiler de más dio lugar al desafortunado incidente.

Contrario a la opinión popular de que los spoilers arruinan el suspenso y disminuyen la satisfacción de leer un libro al revelar el final de la historia, se ha encontrado que éstos: "pueden permitir a los lectores organizar desarrollos, anticipar las implicaciones de los eventos y resolver las ambigüedades que ocurren en el curso de la lectura".[5]

Por eso voy a revelar el resultado de mi peregrinación ahora, antes de dar el primer paso, ya que lo que estoy a punto de escribir puede ser incómodo para algunos y definitivamente es una idea que se beneficiará de una discusión temprana. Aquí te comparto el spoiler y la segunda Señal:

2) El lugar de trabajo debe de promover lo absurdo.

Admito que ésta es una revelación intrépida y provocadora, especialmente porque es difícil imaginar una idea que antagonice más con las teorías que hemos usado para diseñar los lugares de trabajo, esos templos a la racionalidad en donde se practica el culto incesante a la producción optimizada. Sin embargo, mi peregrinación transformó mi manera de ver las cosas. Eso quiere decir que funcionó.

Lo absurdo es un concepto complejo y con muchas facetas que discutiremos más adelante. Para seducirte con su potencial, consideremos sólo una de sus ventajas: su inconsistencia lógica y su descarado desprecio por la incompatibilidad entre dos proposiciones que no pueden ser simultáneamente verdaderas. Ahora imagina la innovación, o el término que prefieras usar para describir un futuro que pensabas era imposible, si dichas premisas fueran, de hecho, simultáneamente verdaderas. Lo absurdo puede crear futuros inimaginables.

Por si eso fuera poco, a pesar de su irreverencia, la Señal 2 se basa firmemente en el principio de que los mejores entornos laborales son aquellos que, además de albergar el concepto de trabajo en constante evolución, nutren nuestras cualidades humanas. En particular, aquellas que nos distinguen de las máquinas, la inteligencia artificial y cualquier otra tecnología que busque reemplazar nuestro cuerpo y mente. A lo largo del libro, intentaré explicar por qué esa cualidad únicamente humana es nuestra capacidad de ser absurdos.

Por lo tanto, una Señal clave a lo largo de nuestro viaje es:

3) El lugar de trabajo debe nutrir nuestras cualidades únicas como humanos.

Capítulo 4
Una nota sobre el COVID-19

"Todo bien en casa, aunque temo el momento en que nos
digan que debemos regresar a la oficina. De verdad que
espero que no nos digan que tenemos que regresar".

– Extracto de conversación con una amiga en
respuesta a "¿Cómo estás?"

A pesar de que los eventos en este libro ocurrieron años antes de que el
COVID-19 transformara el mundo, las lecciones de mi peregrinación toman
nueva relevancia y urgencia a la luz de la pandemia mundial y sus
consecuencias. Escribir en paralelo a los vastos y duraderos cambios
generados por la pandemia me hizo reflexionar sobre la importancia de los
lugares donde trabajamos.

En particular, he pensado en la búsqueda de propósito en la que
organizaciones y empleados se han embarcado durante la pandemia. Con el
sombrero de investigador puesto, me pregunto, ¿qué significa todo esto para el
entorno laboral?

La motivación detrás de esta pregunta es un deseo fundamental de
enfrentar la crisis actual y ayudar a crear mejores lugares de trabajo, no
oficinas. No se trata de buscar respuestas improvisadas y temporales, sino de
crear una guía que nos lleve a mejores entornos laborales. Esta nueva versión
va más allá de mantener la distancia social, sanitizar los espacios físicos o
mejorar su ventilación. Inclusive va más allá de encontrar el balance ideal
entre trabajar desde casa o en la oficina.

Para ello, es necesario replantear las hipótesis que usamos para albergar
el concepto de trabajo en constante evolución en los lugares de trabajo. Este
camino también puede llevarnos a una mejor versión de nosotros mismos.

¿Qué hace que el barco vaya más rápido?

En mayo de 2020, el primer ministro de Australia se dirigió a la nación para comunicar el camino hacia la recuperación de la pandemia por COVID-19.[6] En su discurso contó la historia de cuando, años antes de su ministerio, visitó el Escuadrón Real de Yates de Nueva Zelanda, quienes defendían su título de la regata de vela de la Copa América.

El primer ministro se sorprendió al ver el estado en ruinas de las oficinas de sus anfitriones, las sillas viejas y la mesa desgastada, lo cual contrastaba drásticamente con la imagen de lujo y prestigio asociada con los yates de la Copa América. Al compartir su sorpresa, sus anfitriones intervinieron rápidamente: "En el equipo de Nueva Zelanda sólo nos preocupa una cosa: ¿qué hace que el barco vaya más rápido?"

El primer ministro admitió que las condiciones de las oficinas no harían ninguna diferencia en la velocidad del yate. Y así fue, Nueva Zelanda retuvo su victoria de la Copa América a pesar del estado de sus oficinas.

El discurso del primer ministro continuaba pero dejé de escucharlo, pues mi mente me llevó a un momento años atrás en el que estaba presentando a los ejecutivos de una compañía los resultados de la investigación que acabábamos de hacer en sus oficinas. La atmósfera era tensa y no hubo preguntas, sólo un comentario. De manera seca y directa, me dijeron que no les importaba tener que trabajar dentro de contenedores de barcos, pues el lugar dónde trabajaran no afectaría el desempeño de la compañía.

Me quedé pensando si su habilidad de trabajar en contenedores se debía a que ellos eran tan buenos en lo que hacían que podían triunfar desde cualquier lugar o a que no veían una conexión entre su lugar de trabajo y el desempeño de la compañía.

Eventualmente, los ejecutivos se disculparon y me hicieron saber que su respuesta tan brusca se debió a la inmensa presión a la que estaban sometidos. Pero la disculpa fue sobre el tono, no sobre el mensaje. Si bien nadie se había expresado tan directamente como ellos, a lo largo de mi carrera profesional he sido desafiado con puntos de vista similares que cuestionan el impacto que el lugar de trabajo tiene en el desempeño de una organización.

He de confesar que yo también me había preguntado varias veces si de verdad importa el lugar en el que trabajamos. Admitiré también que eran preguntas retóricas para proceder a crear un sinfín de razones por las que sí importa, aun si somos increíblemente buenos en lo que hacemos.

Pero ahora, por primera vez, me preguntaba honestamente, ¿y si de verdad no importa dónde trabajamos?

SEGUNDA PARTE
CÓMO ARMAR UN PEREGRINAJE

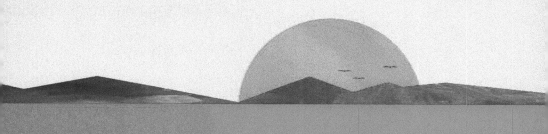

12

Capítulo 5
Anatomía de un peregrinaje

Mi GPS trazó diligentemente los 905 kilómetros que caminé entre las dos ciudades principales de Australia y mi podómetro contó todos y cada uno de los pequeños, pero persistentes y humildes actos de poner un pie delante de otro un total de 1,281,772 veces.

La línea gruesa y continua en la figura 5.1 muestra la ruta que tomé en mi caminata de Melbourne a Sídney.

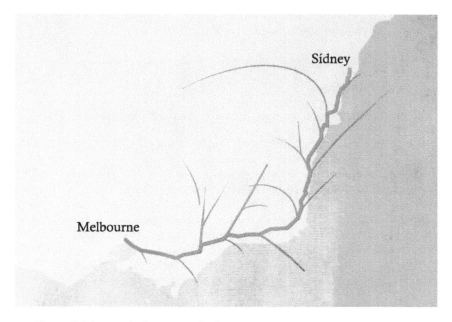

Figura 5.1 Anatomía de un peregrinaje

Decidí no incluir las poblaciones por las que pasé para concentrarnos en las ramas que salen de la ruta. Éstos son los senderos del peregrinaje que parecen brotar de la nada; puntos a lo largo de la caminata que van y vienen, divergen, convergen, conectan y separan. Las ramas parecen abstractas, pero a veces son casi físicas.

Te daré un ejemplo que lo explica mejor. En una de las tantas ocasiones en que me acerqué a un pueblo, vi a una persona caminando unos cuantos pasos delante de mí. Él iba a un paso más relajado que el mío, de modo que lo rebasé pronto y pude ver por el rabillo del ojo que redobló el paso para alcanzarme, como si quisiera asegurarse de que realmente estaba viendo lo que estaba viendo.

Parecía desconcertado por mis dos mochilas, bastones para caminar, botas y una pinta que contrastaba con la atmósfera relajada del pueblo de playa al que me acercaba. Para ese punto de mi recorrido ya estaba acostumbrado a que la gente se confundiera al mirarme, por lo que continué caminando.

Finalmente, el hombre me preguntó:

"Oye, ¿a dónde vas?"

"A Sídney", respondí.

"¡No mames!", dijo parándose en seco, como si la respuesta lo hubiera dejado perplejo.

Seguí caminando y unos pasos más adelante me preguntó:

"¿Y de dónde vienes?"

"De Melbourne", respondí por encima del hombro.

"¡No mames!", repitió.

En ese momento pensé que debía estar, desde un punto de vista teórico, a la mitad del camino de dónde venía y a dónde iba. Ridículamente lejos de donde empecé y del lugar al que me dirigía. Sin embargo, en términos de mi caminata física, estaba entrando en Narooma, una población al sur de Nueva Gales del Sur, y ya había cubierto aproximadamente dos tercios de la distancia de Melbourne a Sídney.

Mientras caminaba, repetí el encuentro en mi mente cambiando a dicho sujeto por Zenón, el filósofo presocrático griego:

Zenón: "Ah... a Sídney. Quieres llegar a Sídney, ¿eh? ¿Estas consciente que para llegar a Sídney primero debes llegar a la mitad de la distancia entre Melbourne y Sídney?"

Yo: "Sí, Zenón. Te dejo, que tengo prisa".

Zenón: "Pero espera... ¿Sabes que antes de llegar al punto medio, primero debes caminar una cuarta parte del camino?"

Yo: "¡Sí! Y no llegaré allí platicando, así que... adiós, amigo".

Zenón: "¡No, no, espera! Antes de llegar a una cuarta parte del camino debes de cubrir una octava parte, antes de eso, una decimosexta y así sucesivamente..."

Es entonces que Zenón sacaría un pedazo de papel y escribiría una ecuación para mostrar su punto (figura 5.2).

$$\lim_{n \to \infty} \sum_{i=1}^{n} \frac{1}{2^i} = 1$$

Figura 5.2 El garabato de Zenón. Aunque la fórmula representa su idea matemáticamente, esa notación no se conocía en su tiempo. Zenón tampoco hablaba español.

Zenón: "¡Mira! Necesitas llegar a un número infinito de puntos intermedios, ¡así que nunca llegarás a Sídney! Viajar cualquier distancia no puede comenzar ni completarse, y por ello todo movimiento debe ser una ilusión".

Yo: "¡No mames!"

Dos milenios después de la muerte de Zenón, grandes pensadores siguen trabajando en soluciones a su paradoja de movimiento, la cual ha ocupado las mentes de Aristóteles, Arquímedes y, más recientemente, del filósofo, logista y Premio Nobel, Bertrand Russell.[7]

La peregrinación en la que me había embarcado se sostenía en un tipo de lógica particular. No era el tipo de lógica que nos ayuda a explicar lo que ya sabemos, sino aquella que, parafraseando a Descartes, nos permite dirigir nuestro razonamiento con miras a descubrir verdades de las que somos ignorantes.[8]

Capítulo 6
Sin dolor no hay ganancia

Una característica muy común en la mayoría de las peregrinaciones es la existencia de reglas o maneras prescritas de cómo se debe de cubrir la distancia. Rara vez dichas reglas son para mejorar el bienestar del peregrino; en casi todos los casos, es completamente lo contrario. Por ejemplo, una peregrinación tibetana requiere que los peregrinos realicen postraciones a lo largo de un camino rocoso de cincuenta kilómetros. El sufrimiento es una parte importante de la peregrinación:[9] mientras que la mayoría de nosotros esperamos ser salvados *del* dolor, otros esperan ser salvados a *través* del dolor.[10]

Aunque lejos del Tíbet, caminé en el frío y húmedo invierno del sur de Australia, y el dolor que estaba experimentando me daba la impresión de que necesitaba mucha salvación. Sin embargo, caminé en invierno para evitar la temporada de incendios forestales y las infames serpientes australianas, que son demasiado inteligentes para salir en el frío. En realidad, no tenía ningún interés en alinear mi caminata con las incomodidades de una peregrinación, y como testimonio de la poca comodidad que estaba dispuesto a sacrificar debo confesar que empaqué una almohada inflable.

Pero a pesar de mi almohada y muchos otros intentos de mantener la comodidad, no pude evitar ni la incomodidad ni la adversidad, y con ellas vinieron lecciones invaluables.

En la película *El tercer hombre,*[11] Orson Welles nos recuerda que durante el terror y el derramamiento de sangre que prevaleció en Italia durante los cincuenta años que gobernaron los Borgia, surgieron Miguel Ángel, Leonardo da Vinci y el Renacimiento. Por otro lado, Suiza tuvo quinientos años de democracia, paz y amor fraternal y nos ha dado el reloj cucú.

Existen ejemplos innumerables en los que circunstancias adversas han producido lecciones invaluables, ideas novedosas e innovación. Estoy casi seguro de que tú también te has encontrado en circunstancias adversas en las que has aprendido lecciones esenciales. ¿Por qué, entonces, tratamos de evitar la adversidad en los lugares de trabajo?

El confort es un área prolífica de investigación. En el entorno laboral, hay una búsqueda incesante de niveles óptimos de iluminación, temperatura ideal, mitigación de ruido y manipulación de otras condiciones ambientales destinadas principalmente a aumentar la productividad.[12] Por ello, parecería razonable, incluso obvio, aspirar a diseñar lugares de trabajo similares a Suiza (tal vez con algunos toques de olor a menta para mejorar la velocidad y la precisión de los empleados al teclear).[13] Pero, ¿qué pasaría si lo que buscamos son resultados como los del Renacimiento? ¿Los entornos adversos conducirían a una innovación de ese nivel?

Espero que no se pierda la ironía de estar cuestionando la comodidad después de haber empacado una almohada. Ciertamente prefiero el olor a menta que el olor de los cadáveres de los canguros en descomposición que encontré en las carreteras a Sídney. Para ser claro, no estoy hablando de adversidades innecesarias, sino de una exploración más detallada que nos lleve a entender por qué perseguimos lugares de trabajo sin fricción. La innovación podría beneficiarse si investigamos cuáles son los tipos de adversidades que vale la pena mantener, y hasta introducir, en dichos entornos.

¿Podría ser que "peregrinizar" los lugares de trabajo nos conduzca a resultados similares a los del Renacimiento?

La siguiente Señal es problemática, muy problemática, porque nos dice que:

4) En el lugar de trabajo es mejor conservar las adversidades, incluso introducirlas, para promover la innovación.

Reconocer la utilidad de la adversidad no es lo que hace que esta señal sea problemática. A fin de cuentas, la adversidad ha sido reconocida como un camino hacia la sabiduría,[14] para algunos incluso hacia la salvación. Por ejemplo, un estudio[15] reveló que aquellos cuyo trabajo requería lógica y objetividad tendían a ser más estables emocionalmente (como Suiza y los relojes cucú), mientras que aquellos que producían resultados creativos habían experimentado más adversidad y depresión (como Italia durante los Borgia y el Renacimiento). El estudio apunta a una "poderosa relación" entre la adversidad y la creatividad.

Al mismo tiempo, se nos ha advertido sobre las terribles consecuencias de erradicar toda adversidad. Entre ellos, Nietzsche habló de los riesgos de aspirar a una sociedad que busca la comodidad y la rutina, ya que esto podría dar lugar a una persona apática que está cansada de la vida, que no toma riesgos y carece de sueños.[16] Afortunadamente, hay quienes están trabajando para evitarnos tal destino. Un equipo de investigadores[17] está tratando de replantear las percepciones de riesgo en las áreas de juego al aire libre, para que los niños puedan beneficiarse de la incertidumbre y los desafíos en los patios de recreo que, cada vez más, se diseñan para evitar el riesgo.

Lo difícil de la Señal 4 es encontrar formas prácticas en las que la adversidad en los entornos laborales pueda conducir a la innovación, al mismo tiempo que reconocemos que la adversidad es, bueno… adversa, y que hacemos bien en evitarla a pesar de los beneficios que pueda ofrecer. Esto apunta en la dirección opuesta a cómo el diseño lidia con la adversidad en los lugares de trabajo, por lo que la discutiremos más a detalle en la Parte V.

Capítulo 7
Mis dos reglas

Las peregrinaciones necesitan reglas, y yo establecí las mías antes de dar el primer paso. La primera era simple y clara: tenía que estar solo. Caminé por mi cuenta y evité el contacto con familiares o amigos con el fin de incubar mis ideas sin influencia externa. Por razones de seguridad, enviaba mensajes de texto para avisar dónde estaba y que me encontraba bien, pero nada más.

Esta regla no me impedía conversar con las personas que me cruzara en el camino. Sin embargo, el hablar con extraños me recordaba lo solo que estaba y me dejaba sintiéndome más aislado. En otras ocasiones, tuve la oportunidad de disfrutar de la solitud, y así me di cuenta de la diferencia entre estar solo, lamentar la soledad y disfrutar de la solitud; una trilogía importante que ha dado forma a los entornos laborales.

La capacidad de trabajar desde cualquier lugar y a cualquier hora ha propiciado estructuras organizacionales que pueden imponer mi regla número uno en fuerzas laborales distribuidas en diferentes espacios. Pero trabajar solo no necesariamente lleva a sentimientos de aislamiento, al igual que trabajar rodeado de otras personas no los elimina. Un empleado que trabaja en un mar de gente puede sentirse aislado si no se considera parte del grupo.

Cuando el aislamiento llega, puede conducir a la depresión, estrés, falta de motivación y agotamiento.[18] Se ha calculado que el sentirse aislado puede reducir la esperanza de vida en la misma medida que fumar quince cigarros al día,[19] una equivalencia polémica pero muy ilustrativa.

Volviendo al trágico incidente en la estación en la Antártida, resultó que no fue el spoiler, sino la *fiebre de cabina* (la irritabilidad debido al aislamiento prolongado), lo que se identificó como la causa probable del apuñalamiento. Los efectos negativos del aislamiento pueden revocar cualquier beneficio asociado con la solitud. La clave está en encontrar el punto óptimo, no sólo para nuestra salud mental, sino también para la *salud* de la idea que buscamos incubar.

Como contrapeso a la premisa que me encaminó en mi peregrinación, se ha descubierto que balancear las ideas propias con las de los demás puede producir mejores resultados. Al analizar más de diez millones de transacciones financieras, un equipo de investigadores mostró que los inversionistas que invertían siguiendo el balance óptimo entre ideas propias y ajenas superaron a aquellos que simplemente copiaban las ideas ajenas (cámara de eco), así como a los que únicamente seguían sus propias ideas.[20]

Podemos resumir las implicaciones de mi primera regla en la siguiente señal:

5) El estar solo debe estar dentro de las condiciones ideales de sus efectos sobre nosotros (solitud) y la calidad de la idea misma.

Mi segunda y última regla era evitar distracciones, por lo que no escuché música ni podcasts, no leí libros ni nada que me ayudara a pasar el tiempo. Esta regla me ayudó a permanecer concentrado durante la peregrinación para que ésta no se convirtiera en una vacación, pero su efecto secundario se hizo evidente en el tercer día, cuando pasó la novedad y empecé a aburrirme.

Me aburrí como loco, al punto de que no podía pensar en otra cosa que no fuera lo aburrido que estaba. Mi aburrimiento se convirtió en una distracción tal que contrarrestaba el propósito de la regla de ayudarme a concentrarme. Pensé que daría lo mismo si estuviera viendo series en Netflix o navegando sin destino las redes sociales en mi celular, por lo menos estaría entretenido.

Sorprendentemente, me costó más trabajo seguir la segunda regla que la primera. Bueno, sorprendente para mí, no para los investigadores que estudian el aburrimiento, que encontraron que "muchos [de los participantes] prefirieron administrarse descargas eléctricas a sí mismos en lugar de quedarse solos con sus pensamientos".[21] Afortunadamente, logré superar esta regla sin recurrir a descargas eléctricas y pude apreciar el valor del aburrimiento. Una vez trascendido, encontré que éste no sólo puede ser hermoso, sino también una herramienta útil de pensamiento.

Nuestra siguiente señal:

6) El aburrimiento puede convertirse en una herramienta útil de pensamiento.

Capítulo 8
El enigma de Herzog

"A finales de noviembre de 1974, un amigo de París me llamó para decir que Lotte Eisner estaba gravemente enferma y que probablemente moriría. Dije que esto no podría ser, no ahora... Tomé un abrigo, una brújula y una mochila con cosas básicas... Me encaminé en la ruta más directa a París, creyendo, con plena fe, que ella viviría si yo llegaba a pie".[22]

Así fue que el renombrado cineasta alemán Werner Herzog caminó de Múnich a París en el invierno congelante del norte de Europa, confiando en que así podría salvar a su amiga, la crítica de cine Lotte Eisner. No voy a distorsionar lo que Herzog escribió tan bellamente en su libro *Del caminar sobre el hielo*,[22] pero para mí la parte más interesante de su viaje fue su espontaneidad.

Herzog no pasó largas noches leyendo incontables opiniones en internet sobre tiendas de campaña o comparando marcas de calcetines, pero yo sí, y mientras él escribió, "no me preocupa dónde voy a dormir", yo utilicé mapas de Google y otras herramientas para planear mis noches con anticipación. La espontaneidad de Herzog me hizo reflexionar sobre los dos años que me tomó embarcarme en mi peregrinación. ¿Por qué no pude ser como Herzog, el equivalente peregrino del lema de Nike: ¡Hazlo! (*Just do it!*)?

Comparar la convicción de Herzog con el titubeante arranque de mi caminata me llevó a interesantes reflexiones que se vinculan con el crecimiento de las organizaciones. Comprender este proceso nos permite estimar la cantidad de espacio que necesitarán en el futuro, y en el 2016 tuve la oportunidad de ir a Estados Unidos para estudiar precisamente eso. Una de las conclusiones claves de dicha investigación fue que a medida que las organizaciones crecen, no sólo debemos de incrementar el espacio para las personas adicionales, sino también *transformar* el espacio para superar los desafíos y capitalizar las oportunidades que puedan surgir a medida que pasan por diferentes etapas de crecimiento y madurez.[23]

Nuestro estudio involucró varias horas de entrevistas con emprendedores de compañías emergentes (*start-ups*) en Estados Unidos, y al volver a Australia lo repetimos en empresas similares. Aquellas entrevistas me dieron mucho qué pensar. En particular, la forma en que aquellos emprendedores eran el ejemplo perfecto de la sutil diferencia entre "preparado" y "listo". Un detalle tenue, pero importante, que me ayudó a resolver mi enigma de Herzog.

Tanto estar listo como estar preparado se refiere a la actitud personal hacia un evento. Pero, mientras que "listo" significa sentirse capaz de tomar medidas inmediatas, "preparado" es el grado en que uno cree que puede lidiar con las consecuencias de un evento, cuando (o si es que) sucede. Los emprendedores que entrevistamos estaban listos, pues tenían una disponibilidad inmediata a hacer lo que se les exigiera para lograr sus objetivos.

Para mí, Herzog era un peregrino emprendedor, estaba listo. Por otro lado, yo me preparé durante dos años y me pasé la primera parte de mi peregrinación sintiéndome más preparado que listo para caminar al día siguiente. Necesité varias dosis de sentirme preparado para, eventualmente, empezar a sentirme listo.

Herzog me inspiró a pensar en la preparación y la disponibilidad en términos de ejecución, literalmente dar el primer paso. Mildred Norman, mejor conocida como "Peregrina de la paz",[24] me hizo reflexionar sobre lo que se necesita para sentirse preparado o listo. Ella caminó a través de Estados Unidos durante 28 años, cubriendo más de 40,000 kilómetros con unos pocos gramos de equipo. En contraste, yo necesité quince kilos para sentirme preparado para caminar a Sídney.

Si a ti también te parece poco informativo describir el equipo que uno lleva con base en su peso en vez del propósito de los artículos, (yo podría haber llevado quince kilos de papas), entonces es probable que compartas mi confusión sobre la práctica común de comparar lugares de trabajo con base en la cantidad de metros cuadrados por empleado, en lugar de entender cómo el entorno apoya a la organización en su viaje.

Al comparar mi actitud con la de Herzog y la de la Peregrina de la paz, aprendí una lección importante no sólo acerca de la diferencia entre estar preparado y listo, sino también sobre la subjetividad.

Durante la preparación y planificación de mi caminata, documenté meticulosamente todo aquello que empacaba y la preparación física a la que me sometía, con el fin de crear un apéndice que ayudara a quienes estuvieran interesados en hacer algo similar. Pero ese apéndice no existe, porque cambié de opinión. En él sólo estarías leyendo lo que *yo* necesité para sentirme preparado.

Sin embargo, para aclarar que no llevé quince kilos de papas, la figura 8.1 muestra parte de lo que empaqué para sentirme preparado. En cuanto a la Peregrina de la paz, sólo necesitó un cepillo de dientes, una muda de ropa, un peine y un lápiz.

Figura 8.1 Preparándome

La lista de los emprendedores en nuestro estudio del crecimiento organizacional también variaba, y la necesidad percibida de tener o no una oficina era particularmente relevante. Aprendimos que ni el número de empleados ni la cantidad de ingresos podría predecir si una empresa emergente dejaría atrás una oficina en casa o un *coworking* para mudarse a sus propios lugares.

Hubo quienes se mudaron debido a obligaciones adquiridas por su empresa. Por ejemplo, el cotizar en la bolsa de valores impone requisitos de confidencialidad de información que casi siempre requieren tener una oficina privada, independientemente del número de empleados.

Pero la gran mayoría de las empresas emergentes se mudaron a sus oficinas propias con el fin de desarrollar su identidad, con un número de empleados muy variado.

Combinar lecciones de emprendedores con peregrinos me reveló la subjetividad que hay en lo que necesitamos para sentirnos preparados o listos. El hecho de que esto varíe tanto en una actividad que puede reducirse a poner un pie delante del otro enfatiza lo complejo que es establecer lo que necesitan las organizaciones con actividades más complejas. De ahí la siguiente Señal:

7) La subjetividad de sentirse preparado o listo dificulta la evaluación comparativa de los lugares de trabajo.

También aprendí que no tengo un hueso de emprendedor en mí; sin embargo, se puede lograr mucho sintiéndose preparado, incluyendo el sentirte listo... eventualmente.

Capítulo 9
La idea

Tan importante como estar preparado era encontrar la razón por la que necesitaba estarlo. Necesitaba una idea para incubar. Encontrar la idea correcta era esencial, pues no quería descubrir, al terminar, que mi mente había caminado en la dirección equivocada a pesar de que mis piernas adoloridas me hiciesen saber que me habían llevado a Sídney.

Con eso en cuenta, te invito a pensar en qué idea o tema elegirías para reflexionar durante el tiempo que te tomara caminar casi mil kilómetros. Mientras lo haces, mantén las dos reglas en mente: estarás solo con tus pensamientos y te aburrirás.

Algunos lectores de los primeros borradores de este libro compartieron sus ideas e introspecciones personales. Estas incluían reflexionar sobre "¿por qué hago las cosas que hago?", explorar formas de negociar el conflicto entre el comportamiento individual y colectivo y buscar una mejor relación con uno mismo y con los demás, así como encontrar la inspiración para escribir música y tener pasatiempos. Si alguna vez nos cruzamos, me encantaría escuchar tu idea.

En mi caso, quería desarrollar una idea sobre los entornos en los que nuestra vida laboral futura se sostendría. Como parte de esto, consideraría los lugares de trabajo en un sentido mucho más amplio que la oficina del futuro. Por ello, necesitaba un buen entendimiento del significado y naturaleza de lo que es el 'trabajo', particularmente en relación a la tan comentada sustitución que se espera que la computación cognitiva traiga consigo.[25]

Encontré la metáfora perfecta para mi peregrinación en el mito de Sísifo. ¿Quién es ese? En la mitología griega, Sísifo era un hombre muy astuto que usaba sus dones para engañar, y es conocido por el castigo que recibió de los dioses: empujar una gran roca por una montaña empinada que al acercarse a la cima rodaba cuesta abajo. Tenía que repetir lo mismo una y otra vez durante toda la eternidad.

El castigo de Sísifo ilustra la falta de propósito y significado que se puede sentir en muchas de las tareas relacionadas con el trabajo o con la vida en general.

En un nivel más básico, Sísifo me ayudó a reflexionar sobre hacer algo tan insignificante como poner un pie delante del otro, una y otra vez, durante lo que me parecía una eternidad. Pero más que eso, su castigo sirvió como telón de fondo a mi idea: encontrar propósito en una era de trabajo cada vez más automatizado, no sólo en los dominios del trabajo físico de las líneas de ensamble, sino también en las actividades cognitivas de los empleados de oficina.

¿Qué pasaría si pusiéramos la roca de Sísifo en una cinta transportadora que la llevara automáticamente de arriba a abajo de la montaña? Muy probablemente Sísifo sentiría alivio inmediato, tal vez alegría, seguido de un merecido descanso. ¿Pero después qué?

En *La función y el significado del trabajo,*[26] un estudio clásico de psicología organizacional, los investigadores crearon escenarios hipotéticos en los cuales eliminaron la función económica del trabajo; es decir, las personas no necesitaban trabajar por dinero. Sorprendentemente, ochenta por ciento de ellas dijeron que seguirían trabajando de todas formas. El estudio concluyó que, incluso si los trabajadores tuvieran suficiente dinero para mantenerse, seguirían valorando el trabajo para evitar el aburrimiento, mantener los lazos con la sociedad, promover la realización personal y mantener una sensación de bienestar.

El significado del trabajo ha intrigado a psicólogos, sociólogos, economistas y académicos de organizaciones durante décadas y ha inspirado a filósofos durante siglos.[27] Los arquitectos no tendemos a aparecer en estas listas; sin embargo, podríamos diseñar mejores lugares de trabajo si entendiéramos el significado de dicha palabra tan claramente como sabemos satisfacer sus funciones. Aquí se levanta una nueva Señal:

8) Comprender lo que significa el trabajo tan claramente como sabemos satisfacer sus funciones puede conducir a mejores lugares de trabajo.

Por ello, llamé a mi peregrinación *Sísifo va a Sídney.*

Capítulo 10
¿Por qué y para qué organización benéfica?

La pregunta que me hicieron con más frecuencia antes, durante y después de mi peregrinaje fue: ¿Por qué lo haces? A veces respondía con detalle y les platicaba acerca de las iguanas en las islas Galápagos, en otras ocasiones evadía la pregunta completamente y decía, "¿por qué no?" Esta última respuesta era la más convincente.

"¿Por qué?" casi siempre era seguido por "¿Para qué organización benéfica lo estás haciendo?" Mi respuesta los decepcionaba aún más: no lo hacía por ninguna organización. La decepción reflejaba la arraigada suposición de que tales emprendimientos deben hacerse para levantar fondos para algo que valga la pena y que tenga reconocimiento social.

Sin embargo, tradicionalmente las peregrinaciones se han realizado en busca de un propósito propio con motivaciones internas, no por caridad. Siguiendo con la tradición, tomé la decisión deliberada de no tener una organización benéfica en mente. Esta decisión fue un factor clave que condujo al resultado más importante de mi peregrinación.

Capítulo 11
"¡Que te diviertas!"

El Camino de Santiago, en España, es una de las peregrinaciones más populares del mundo. En ella, los peregrinos son saludados con la frase: "Buen camino", para desearles un buen recorrido tanto física como espiritualmente. Mi versión del *buen camino* era una frase típicamente australiana, "¡Que te diviertas!", acompañada por un gesto de la mano para decir adiós. Yo respondía "Gracias, así lo haré", y repetía el gesto.

Pero la verdad, no me estaba divirtiendo en lo absoluto.

Tenía hambre constantemente, incluso mientras comía, y cada día que pasaba me dolían partes del cuerpo que no sabía que existían. Desafortunadamente, tampoco experimenté la versión tardía de diversión que los corredores de ultra maratones llaman "diversión tipo dos". Según estos atletas sobrehumanos, el dolor y la desesperación que sienten durante la carrera les impide divertirse en ese momento (ellos llaman "diversión tipo uno" a lo que para nosotros, los mortales, es simplemente diversión). Sin embargo, dicen que experimentan un tipo de diversión retrospectiva, una sensación que llega una vez que se bañan, descansan y perciben el sentido de logro. La llaman "diversión tipo dos".

Desgraciadamente, a pesar de muchos baños y descanso después de mi caminata, la diversión nunca llegó; ni tipo uno, ni tipo dos.

No obstante, la "diversión" parece tener una cualidad general, independientemente de cómo, cuándo, o si es que se experimenta. La diversión puede justificar hacer algo tan loco como caminar a Sídney o trabajar largas horas. Este aspecto de la diversión ha sido capitalizado por los promotores del concepto de "oficina como parque de diversiones" que hace algunos años era representado por sillones puff y mesas de ping-pong. Hoy día, los iconos de un lugar divertido para trabajar son instalaciones digitales impresionantes en el vestíbulo, chefs profesionales, sala de juegos y "bebés peludos" (o sea, perros) caminando por la oficina. Sin embargo, la propuesta sigue siendo la misma: los empleados permanecerán más tiempo en un ambiente divertido, trabajando más duro.

Si bien el diseño de experiencias es tan antiguo como el primer impulso humano para desarrollar rituales y ceremonias,[28] la abundancia de diseñadores de experiencias cuya función principal es concebir vivencias inimaginables en los lugares de trabajo habría sido impensable hace unas décadas. Hoy en día, la "experiencia" es primordial.

Sin embargo, si estas experiencias no se basan en la forma en que los empleados realizan sus tareas (división del trabajo) y cómo dichas tareas se reintegran para cumplir con los objetivos estratégicos de su organización (integración de esfuerzo), serán simples adornos sin mayor utilidad.[29]

Las experiencias en los lugares de trabajo que están desconectadas del diseño de la organización pueden ser bien intencionadas, pero tan inadecuadas como el decir "que te diviertas" a alguien que ha estado caminando todo el día, se siente cansado, adolorido y hambriento. Muy hambriento.

La Señal resultante es:

9) El diseño de experiencias y el diseño de la organización deben estar alineados en el lugar de trabajo para que la organización logre sus objetivos.

Esta alineación también podría ayudar a evitar que el lugar de trabajo se convierta en un trofeo para las disciplinas profesionales, en donde aquellos en el área de propiedad de inmuebles y arquitectura atan el concepto de trabajo a la oficina, y aquellos en el diseño de organizaciones y tecnologías de la información tienen como objetivo liberar el trabajo del lugar donde se ejerce.

TERCERA PARTE
SÍSIFO VA A SÍDNEY

Capítulo 12
El primer paso

1 de julio de 2018, 6:45am
Federation Square, Melbourne, Australia

Estoy tan agradecido como sorprendido de ver que un puñado de amigos vinieron a la plaza a despedirme. Aún no ha amanecido y hacemos esfuerzos innecesarios para reconocer las siluetas en la oscuridad, sin tomar en cuenta que es muy temprano y hace demasiado frío para que haya otras personas en la plaza.

Yo les muestro mi mochila con un orgullo aun inmerecido, y ellos me transmiten sus buenos deseos envueltos en bromas y conversación casual. Eventualmente, nos despedimos y doy mi primer paso. El ritmo de los primeros kilómetros es incómodo, camino como si me estuvieran persiguiendo o como si yo persiguiera a alguien. Eventualmente, avanzo de manera más tranquila y constante.

El amanecer iluminaba el día y hacía evidente la idiotez de la aventura en la que me estaba embarcando, lo cual dio lugar a un diálogo interno ensordecedor: "Recuérdame, ¿cómo es que caminar a Sídney me ayudará a obtener respuestas acerca del diseño de espacios de trabajo?" Me felicité a mí mismo por hacer una pregunta tan excelente, aunque por desgracia no podía responderla. Mis pasos volvieron a ser incómodamente rápidos.

Decidido a no malgastar los próximos dos meses sin goce de sueldo que pedí en el trabajo (resulta que cuando uno reflexiona acerca del trabajo, no puede trabajar), me forcé a pensar en el significado del trabajo, en su futuro y en Sísifo. Si alguna vez se te ha quedado la mente en blanco cuando alguien te pide que cuentes un chiste, y el silencio incómodo te hace contar el más soso que se te ocurre, sabrás lo que me pasó a continuación. No podía pensar, y cuando lo logré la calidad de mis pensamientos me hizo cuestionarme cómo es que había llegado hasta la edad adulta.

Las expectativas de que mi peregrinaje valiera el tiempo y el esfuerzo que estaba invirtiendo hicieron mella durante los primeros días. Irónicamente, todo empezó a valer la pena en cuanto dejé de esforzarme y me relajé.

Apenas había llegado a las afueras de Melbourne cuando alguien me preguntó por primera vez "¿Por qué y para qué organización benéfica?", seguido de una advertencia menos frecuente, pero más preocupante: "Ten cuidado, hay muchos idiotas por ahí". Me convenía tomar en cuenta estas advertencias, ya que provenían de personas que parecían haber llevado vidas alejadas de escritorios acogedores. Si ellos estaban preocupados por los idiotas, yo también debería estarlo.

¡No me había preparado para lidiar con idiotas!

Capítulo 13
Vida a 4.6 km/h

Como parte de mi preparación, leí libros sobre peregrinaciones y aspectos prácticos de las caminatas de larga distancia. En los primeros encontré inspiración, buenos consejos en los segundos. Un consejo que te puedo compartir es que, si se te pone el cabello de punta, debes ponerte de rodillas e inclinarte hacia adelante, pero no acostarte, porque está a punto de caer un relámpago.

Aún me da risa recordar las muchas veces que estuve a punto de ponerme de rodillas al sentir el más mínimo movimiento en mi cuero cabelludo durante días tormentosos.

También leí acerca de filósofos sofistas, epicúreos y estoicos, pues pensé que podrían ser una buena compañía durante mi peregrinación. Y lo fueron.

Sin embargo, había un libro que recordaba una y otra vez: *Aprendiendo de Las Vegas*.[30] Se me hizo raro, porque lo había leído como estudiante de arquitectura, más de veinte años atrás, y hasta ahora no había pensado en él. En particular, recordaba un análisis muy interesante que los autores hacían acerca de la velocidad a la que se mueve una persona y cómo lee su entorno.

Por ejemplo, nos cuentan que, en los callejones estrechos y abarrotados de un bazar en el Medio Oriente, las personas comúnmente caminan a una velocidad aproximada de tres millas por hora (4.8 km/h). A dicha velocidad, alguien puede ver e incluso tocar la mercancía en oferta. A medida que la persona se mueve más rápido, los objetos son reemplazados por símbolos que comunican el mensaje de los objetos que reemplazan. Esta sustitución es necesaria, porque la comunicación ya no ocurre en la misma forma que a velocidades lentas, cuando, por ejemplo, se podía ver y tocar una manzana o una naranja. Al movernos más rápido, necesitamos algo más grande y llamativo: un símbolo, el letrero de una frutería. El tamaño de los símbolos debe aumentar en igual medida que la velocidad para que la comunicación sea efectiva.

Mi velocidad promedio en la caminata a Sídney fue de 4.6 km/h, una pequeña fracción por debajo de la del caminante en el bazar. A esa velocidad experimentaba mi entorno. Sin embargo, a medida que caminaba por carreteras diseñadas para las altas velocidades de los automóviles, los objetos eran reemplazados por símbolos. Mi entorno estaba diseñado para ser vivido a mayores velocidades que la de un peregrino.

Tal y como predijeron los autores de *Aprendiendo de Las Vegas*, los símbolos de una gasolinera eran visibles mucho antes de que la bomba de gasolina apareciera. Sin embargo, dado que yo caminaba como si estuviera en un bazar, los símbolos eran innecesariamente grandes y permanecían visibles por más tiempo del requerido. De los muchos símbolos de gasolineras que vi, el de la figura 13.1 me llamó la atención.

Figura 13.1 Símbolo de la gasolinera

Una avioneta de color rosa mexicano con la punta firmemente enterrada en el pasto señalizaba la gasolinería a la que me acercaba. Su peculiaridad me convenció a visitar la tienda anexa, en cuyo interior había un sinfín de recuerdos eclécticos de leyendas del boxeo de antaño y carteles de cantantes lo suficientemente viejos para haber hecho una gira del regreso, volver a retirarse y salir del retiro una vez más. La narrativa capturada en las paredes estaba a la altura de las expectativas establecidas por la avioneta rosa, la cual era un símbolo de la personalidad excéntrica del propietario. Estaba allí para transmitir identidad y no sólo para señalar dónde llenar el tanque de gasolina.

Pasé demasiado tiempo en aquel lugar, especialmente considerando que no tenía un automóvil cuyo tanque llenar. Escuché la historia del propietario y aprendí más sobre los objetos que había coleccionado a través de los años. Aprendí, por ejemplo, que la avioneta le había costado mil dólares australianos, lo cual me pareció una ganga, teniendo en cuenta lo bien que servía como símbolo, y al mismo tiempo una estafa, ya que era chatarra pintada de rosa.

¿Qué podemos aprender acerca de aquella avioneta? Quizá que, a menos que vayamos tarde a una junta, nos movemos en la oficina a una velocidad de bazar, a 4.8 km/h o más lento, y que mientras lo hacemos estamos muy cerca de nuestros compañeros de trabajo. Por lo tanto, uno podría asumir que los símbolos no son necesarios en el lugar de trabajo.

Pero mi historia acerca del escritorio más desordenado que he visto en mi vida podría desafiar esta suposición. Descubrí dicho escritorio durante una de las tantas investigaciones que he llevado a cabo. En él había un sinfín de papeles amontonados peleando por espacio y la variedad más intrigante de focos que te puedas imaginar. Todo en él transmitía, con eficiencia y gallardía, el puesto del ocupante como ingeniero de iluminación.

¿Qué tienen que ver las avionetas y focos con los espacios de trabajo? Se podría argumentar que los focos eran un símbolo para otros de lo que hacía el ocupante, pero también lo eran para él. Ayudaban a crear identidad personal, así como una muestra de territorialidad positiva.[31]

Una Señal alta y rosa se eleva de esta experiencia:

10) Movernos a baja velocidad nos permite interactuar con las personas, pero aun así los símbolos en el lugar de trabajo pueden ayudar a comunicar identidad personal a uno mismo y a los demás.

Entre todos esos focos, había uno con un filamento intrigante que no podía dejar de ver, y el ocupante del escritorio se dio cuenta. Rápidamente me explicó todo lo que había que saber acerca de dicho foco con una pasión envidiable, pero su entusiasmo fue reemplazado por resentimiento en cuanto se percató de que yo era parte del despacho que estaba rediseñando sus

38

oficinas. Anticipando que íbamos a proponer una combinación de diseño abierto con *hotdesking*, me preguntó: "¿Nos van a quitar nuestros escritorios?"

Aunque no tuve el corazón para revelarlo en ese momento, la respuesta era: sí. Nuestra investigación indicaba que el empleado promedio no pasaba suficiente tiempo en su escritorio para justificar uno por persona, por lo que le propusimos a la organización "un cambio de entorno que aumentaría las opciones de sus empleados", que es lingo para decir "sí, vas a perder tu escritorio". Han pasado unos diez años desde ese encuentro, y aunque he olvidado todos los tecnicismos de aquel foco, no he olvidado la pasión del ingeniero de iluminación. Es probable que ahora no tenga ni su propio escritorio, ni sus focos.

En aquel momento, y basados en nuestra información de campo, la propuesta de eliminar los escritorios personales tenía mucho sentido, pero sólo si el propósito de los edificios de oficinas es llenarlos con tantos empleados como sea posible. Esto no pretende ser un comentario cínico, sino ilustrar lo fácil que es formular el punto de vista equivocado si uno está demasiado cerca del proyecto y demasiado involucrado en su ejecución. Los días de los diseñadores son muy largos y llenos de juntas con personas interesadas en optimizar los metros cuadrados por persona y el dinero que costará construir dicho metro cuadrado. Esto nos lleva a una Señal importante:

11) El proceso de diseño de lugares de trabajo puede interponerse en la creación de un entorno que cumpla con su propósito.

La clave es no confundir aspectos prácticos, como el presupuesto y las limitaciones físicas del espacio, con el propósito real del lugar de trabajo.

De vuelta en mi peregrinación, salí de la gasolinera. Al despedirme, su excéntrico dueño me dijo: "Acampa en este lado del puente, hay muchos idiotas del otro lado". Las advertencias se iban acumulando.

Capítulo 14
Mi mochila

Mi mochila era muy resistente, y si interpretaba correctamente lo que *tela de nylon balístico* significaba, estaba hecha a prueba de balas (aunque por fortuna no tuve que comprobarlo).

Mi mochila era, de hecho, dos mochilas: una grande con capacidad de setenta litros que cargaba en la espalda y otra pequeña de quince litros que llevaba delante para equilibrar el peso. Había comprado este juego para una caminata en el extranjero que requería algo grueso y durable para resistir el terreno rocoso y las tantas cosas que uno prefiere no saber que le pasan al equipaje en un vuelo internacional.

Sin embargo, las mismas características que hacían de mis mochilas una selección ideal para el viaje, las convertían en una mala opción para mi peregrinaje. Mis mochilas a prueba de balas eran demasiado pesadas.

Habían pasado apenas seis días en mi caminata cuando el cinturón de la mochila ya no apretaba y nadaba alrededor de mi cintura como una camisa desfajada. El problema era el peso que yo había perdido debido a la caminata. Para arreglarlo, conseguí un poco de cinta adhesiva y una tira gruesa de espuma que pegué al interior del cinturón: panza instantánea, problema resuelto.

Continué agregando espuma según fuera necesario para tener un buen ajuste en la cintura que me permitiera cargar el peso de la mochila con los huesos de mi cadera y no con mis hombros. También le agregué a mis dos mochilas tiras que corté de un chaleco de alta visibilidad, y por último les puse luces de bicicleta para tener visibilidad adicional durante las caminatas antes del amanecer, como puedes ver en la figura 14.1.

Con el tiempo y la distancia, ambas mochilas evolucionaron para convertirse en algo totalmente personalizado, increíblemente práctico y profundamente feo. Si me hubieran presentado esta versión final en la tienda dónde las compré, no las hubiera adquirido, pero al final de mi caminata me gustaron aún más que de nuevas, no solo por lo bien ajustadas que estaban, sino por la historia que contaban.

Del mismo modo, en el lugar de trabajo perseguimos la belleza aspiracional de lo impersonal sobre la fealdad de lo personalizado. Las fotografías en revistas de arquitectura preservan la belleza aspiracional, tal vez para mantener un atractivo general antes de que los empleados tengan oportunidad de hacer suyo el espacio.

Una Señal que apunta a la belleza de hacer algo tuyo:

12) Hay belleza en la fealdad de la personalización.

Mientras personalizaba y mejoraba mis mochilas, también trataba de hacerlas más ligeras. Combinadas, pesaban entre quince y veinte kilogramos, dependiendo de la cantidad de comida y agua que llevara, así como de si mi tienda de campaña estaba seca o no. Haciendo cálculos, me di cuenta de que mi toalla pesaba aproximadamente lo mismo que un plátano, y por lo menos me podía comer el plátano. Así que, adiós toalla.

Figura 14.1 Mis mochilas y sus artefactos añadidos

Dejar atrás mi toalla fue una decisión fácil, ya que no necesitaba bañarme tan seguido (a lo mejor sí, pero como iba caminando solo no lo consideré esencial). Así mismo, pensé que una vez que llegara más al norte, el clima sería más cálido y podría mandar la pesada ropa de invierno por correo a casa. Pero cuando llegó el momento de aligerar mi carga, no envié nada. En cambio, metí la ropa de abrigo en la parte menos accesible de mi mochila y tomé la decisión de continuar con el mismo peso con el que había empezado, menos la toalla.

Sí, cargue peso muerto, completamente innecesario, a lo largo de varios cientos de kilómetros con secciones fenomenalmente empinadas que me recordaban la forma en que la fuerza de gravedad jala las cosas hacia el centro de la tierra. Justifiqué lo que algunos podrían considerar una decisión absurda, porque me acercó más a Sísifo y su roca.

Parece absurdo si sólo te enfocas en el esfuerzo adicional requerido para llevar peso muerto. En cambio, si consideramos la tarea como intencional, puede resultar en una experiencia que ofrece mayor significado. ¿Qué es mejor, ir con la opción racional y óptima o con la absurda y significativa?

Mi elección me sorprendió y dio lugar a otra Señal:

13) Lo absurdo puede dar pie a mayor significado y propósito.

Capítulo 15
Bísquets premiados

Apenas llegaba a un pueblo, buscaba letreros que anunciaban cual era la mejor panadería. Por lo general, estos letreros plegables afuera de dichos establecimientos anunciaban que habían ganado el premio al mejor pay, pastel o bísquets del pueblo o región. Confiaba más en estas acreditaciones que en las calcomanías del Certificado de Excelencia de TripAdvisor en los escaparates.

Al final de una de tantas caminatas, fui atraído a un salón de té con un letrero que decía "bísquets premiados". Y era cierto, los bísquets estaban buenísimos, pero mejor aún era la mermelada casera de ciruela. Con la esperanza de poder volver a probarla en el desayuno, le pregunté a la anciana que se ocupaba de la tienda sobre los horarios de apertura. "Entre las 10 y las 10:30 de la mañana, dependiendo de que tan rápido camine mi perro", dijo, señalando a su mascota desparramada en el piso. A juzgar por la apariencia del perro, que era tan viejo como la señora, me parecía que más bien iba a abrir a las 11am.

En cuanto le comenté que tenía planeado salir a las 6am, me llevó a una mesa donde había una pila de frascos de mermelada de ciruela a la venta. Claramente, no era el primero en elogiar su receta. Después de debatir si un frasco de mermelada era un digno contribuyente a mi roca de Sísifo, le agradecí y dejé pasar la oportunidad.

Luego dijo:

"A veces los recuerdos son igual de buenos", y su expresión adquirió una mirada lejana. "Cuando tenía diez años", continuó, "estaba en Alicante [España] con mi madre. Estábamos sentadas en un restaurante al lado del mar, dónde un grupo de jóvenes salió a pescar pulpos para que comiéramos. De regreso, rumbo a la cocina, nos mostraron, muy orgullosos, los pulpos que habían pescado. Me dieron un asco enorme, pero mi madre me dijo que debía ser educada y comerlos cuando los trajeran".

En ese instante, la mente de la anciana regresó de aquel recuerdo y se quedó en silencio en la sala de té. Intrigado de hacia dónde se dirigía esta conversación, le pregunté si le había gustado el pulpo.

"No me acuerdo", respondió, yendo detrás de la caja registradora, "pero recuerdo Alicante por el pulpo".

A la fecha no sé qué es lo que me estaba tratando de decir, pero pensé mucho en esa conversación durante el resto de mi peregrinación. Mientras caminaba, me entretenía imaginando a los empleados llegando a sus oficinas según la velocidad a la que caminaban sus mascotas. Me reía pensando en que eso evitaría los embotellamientos mañananeros en los vestíbulos de los edificios de oficinas, cuando un sinfín de empleados espera su turno en los elevadores al mismo tiempo.

Y la historia del pulpo también era útil. Podríamos usar comida para recordar y referirnos a los lugares.

Estos pensamientos me recordaban a las ideas de ranas y elefantes que había tenido dos años atrás, durante mi noche de insomnio después de aquel vuelo de regreso de Sídney. Imaginaba que si esa anciana hubiera *evolucionado* en su propia isla en las Galápagos, podría haber desarrollado un concepto de espacio y tiempo basado en comida y mascotas. En un mundo así, la gente haría planes para encontrarse en la esquina de ciruelas y zanahorias cuando el gato de María regresara. Esto me llevó a pensar en su noción de trabajo, los lugares en los que trabajarían y las sociedades que engendrarían.

Aquellos pensamientos eran absurdos, tontos e innecesarios. Pero también lo es estar parado en un vestíbulo repleto de gente esperando el elevador por la mañana porque nadie se ha molestado en cuestionar la lógica de un hábito arraigado.

Esto se pueden resumir en las siguientes Señales:

14) Ver la normalidad a través de lo absurdo puede mostrar lo absurdo como normal.

15) La normalidad puede ser producto de lo no cuestionado.

Estoy seguro de que todos podemos pensar en algo tonto, incluso innecesario, que se ha normalizado en nuestros lugares de trabajo simplemente porque nadie lo ha cuestionado. Por ejemplo, por qué necesitamos ir al mismo lugar para trabajar de 9 a 5 una y otra vez.

Sin lugar a duda, hubo muchos aspectos negativos del COVID-19, pero algo positivo fue que desafió el status quo y demostró que podemos hacer las cosas de manera diferente y efectiva.

Capítulo 16
El bueno, el malo y el feo

A medida que los pueblos se hacían más pequeños, la competencia desaparecía junto con los letreros de "los mejores esto" o "los mejores lo otro". En poblaciones muy pequeñas no había más que un pub, el equivalente a una cantina o bar que sirve comida y que puede funcionar como centro social, oficina de correos y demás servicios. La experiencia en estos pubs contrastaba con la de salones de té y demás establecimientos en grandes poblaciones turísticas.

Entrar en aquellos pubs era como entrar en una película de vaqueros, esas que estoy seguro que has visto, en donde el forastero (en este caso yo) entra a un bar a través de puertas de madera ridículamente pequeñas. En ese instante, las personas paran de hablar, levantan los ojos de la mesa de póquer (o celulares, en este caso) y fijan su mirada silenciosa en el extraño que entra por aquellas puertitas batientes con una precisión casi practicada.

Parte de esta reacción se la atribuyo a mi vestimenta, como puede verse en la figura 16.1, y a que no me bañaba con la frecuencia adecuada. Pero creo que se debía un poco más a la estrecha conexión social que existe en pueblos pequeños, donde todos se conocen y era evidente que yo no era uno de ellos.

Apartadas de las principales rutas turísticas, en estas pequeñas localidades rurales la cohesión social era palpable. En aquel pub, veía personas hablar como si las mesas estuvieran conectadas por un vínculo social invisible.

Sentado solo en mi propia mesa, me vino a la mente la banda sonora de aquella película de vaqueros tan famosa, *El bueno, el malo y el feo*,[32] y comencé a pensar en los aspectos buenos, malos y feos de la dinámica de los pueblos pequeños. Lo bueno es la forma en que la comunidad se une en torno a los necesitados. En poblaciones más grandes, ya no se diga en las ciudades, es más fácil pasar por largo e ignorar las desgracias de los desconocidos.

El lado malo es lo que experimenté, la alienación de 'nosotros' y 'ellos'. Atribuí esta reacción a la aversión común de lo desconocido, y me gustaría creer que, si me quedara más tiempo en aquella población, yo también podría platicar de mesa a mesa eventualmente. Más aun, imaginaba que si me apareciera en ese pub con todo mi equipo una y otra vez, inclusive sería aceptado y considerado como el excéntrico del pueblo.

El lado feo es cuando la coexistencia prolongada conduce a una mayor alienación de los forasteros, previniéndoles ser parte del vínculo social y etiquetándolos para siempre como extraños y no bienvenidos. Probablemente ya puedes ver las similitudes entre esto y lo que algunos experimentan en los lugares de trabajo.

Figura 16.1 Mi mejor atuendo de domingo

Como muchas otras cosas, la conexión social es un arma de doble filo. Un equipo de trabajo con una fuerte cohesión social puede cosechar beneficios similares a los de una población pequeña, lo cual potencialmente conduce a un mejor desempeño. Pero este mismo equipo podría generar ideas obsoletas o carecer de los beneficios que nuevos miembros pueden traer con ellos. El reto que presenta la conexión social, tanto para los equipos de trabajo como para la organización en general, se destaca en la siguiente Señal:

16) Una fuerte cohesión social puede tener las ventajas y desventajas de una pequeña población rural.

Como investigador de lugares de trabajo, soy un gran promovedor del uso del Análisis de Redes Sociales (SNA por su acrónimo en inglés, *Social Network Analysis*), un método que surgió de la colaboración poco común entre matemáticos, antropólogos y sociólogos, y que nos permite visualizar y explorar los hilos del tejido social que mantiene unida a una organización.[33]

Para definir propiamente el SNA es necesario introducir más términos que a su vez requieren más definiciones. Para evitar una explicación tan larga, voy a explicarlo con un ejemplo. En una organización pequeña, así como en un pueblo, un estudio SNA validaría la estructura social ya conocida por los dueños de un pub: quién interactúa con quién y quiénes no. Pero a medida que la organización crece, estas relaciones son más complejas y el SNA puede revelar sorpresas y prejuicios en las interacciones de las personas. Dado que estos prejuicios tienden ser parte de la cultura organizacional, algunas organizaciones pueden ser ciegas a ellos.

Para ilustrar, en un estudio que hicimos en una organización, el SNA reveló un marcado prejuicio de género. Las mujeres estaban insuficientemente representadas en el intercambio de ideas, por debajo de lo que se hubiera esperado en base a su representación demográfica. Descubrimos que los empleados de la organización, incluyendo a las mujeres mismas, estaban parcialmente inclinados a discutir ideas con hombres.

En esta situación, diseñar un entorno más social a través de espacios para interactuar podría no ser la solución. Resultó que las mujeres en ese mismo estudio estaban sobrerrepresentadas en las interacciones sociales, pero aun así estaban excluidas de algunas conversaciones de intercambio de ideas: una mayor socialización no garantiza la participación en actividades importantes que dan forma a la organización. Nuestra siguiente Señal:

17) El propiciar oportunidades para socializar no resulta necesariamente en un entorno más inclusivo.

La necesidad de comprender el tejido social de las organizaciones y el papel que juega el entorno físico, va en aumento a medida que la naturaleza del trabajo (lo que sea que terminemos haciendo en el futuro) se vuelve más humana, y por lo tanto más social.

Capítulo 17
Serpientes de basura

La decisión de caminar en invierno para evitar encuentros con algunas de las serpientes más venenosas del mundo resultó efectiva. En toda la caminata sólo vi una, la cual se asustó tanto como yo. Estoy seguro de que si las serpientes pudieran gritar, habría gritado más que yo.

Desafortunadamente para el medio ambiente pero afortunadamente para mí, vi mucha más basura que parecían serpientes que serpientes reales, como cinturones sinuosos, cables y demás objetos tirados en la carretera (figura 17.1). Aunque los caminos estaban en su mayoría limpios, me daba cuenta rápidamente cuando me acercaba a una población por la cantidad de basura. Para pasar el tiempo, imaginaba los hábitos de la población a la que me acercaba con base en la cantidad de paquetes de cigarros desechados o la aversión que tenían a dormir por las múltiples latas de bebidas energéticas tiradas.

Estas latas me recordaron a las 'z-sups', pastillas supresoras del sueño descritas en el cómic *Siesta* (*Power Nap*)[34] que permiten a los personajes trabajar hasta veinte horas al día sin ton ni son. Irónicamente, dichos personajes trabajan tanto en cosas sin sentido para poder comprar las pastillas: el círculo de la vida. El personaje principal es alérgico a las z-sups y necesita dormir, lo cual se considera una discapacidad.

Volviendo a mi análisis de basura en la carretera, también imaginaba el crecimiento de la población local basado en los resultados de las pruebas de embarazo tiradas en el camino. La mayoría fueron negativas. Y si las fiestas de revelación de género hubieran estado de moda en ese entonces, también habría podido extender mi estudio demográfico analizando el color del confeti.

¿Será que podemos aprender cosas acerca de los espacios de trabajo a través de la basura? Sí, y mucho. No tanto analizando el contenido de los basureros, sino viendo el desecho digital de las operaciones en las organizaciones, un concepto al que Christian Terwiesch, profesor de Wharton, se refiere como "escape digital".[35] Empresas como Microsoft están invirtiendo una considerable cantidad de recursos en esta forma de entender a las organizaciones.

Por mi cuenta, tuve la oportunidad de codiseñar un proyecto de investigación donde medimos un tipo de desecho más análogo: el ruido. En particular, el ruido como subproducto de las interacciones que ocurren entre empleados en persona, cara a cara. La idea era superponer los niveles de ruido con los datos de la SNA para descubrir una forma de usarlo como aproximación de la transferencia de conocimiento en oficinas de planta abierta. Llamamos a nuestro proyecto *El sonido de la colaboración.*[36]

Figura 17.1 Colección de 'Serpientes de basura'

Uno de los ingenieros acústicos involucrado en la investigación me explicó la diferencia entre ruido y sonido de una manera que es difícil de olvidar: un ruido es un sonido desagradable. Tal vez podríamos convertir el ruido en sonido en los lugares de trabajo si somos capaces de asignarle un valor de transferencia de conocimiento.

Sé bien que la información puede viajar a través de una organización silenciosamente, por ejemplo por medio de correos electrónicos. Pero como ya han enfatizado otros investigadores,[37] las interacciones que sustentan la colaboración, más allá de un mero intercambio de información, se benefician de los gestos y la comunicación no verbal. Estas interacciones síncronas y no estructuradas están mejor respaldadas por interacciones cara a cara, que a menudo son ruidosas. De ahí la siguiente Señal:

18) El ruido de la transferencia de conocimientos podría ser el sonido de la colaboración.

Capítulo 18
¿Dónde están los idiotas?

Las advertencias de los idiotas me preocupaban. Eran "idiotas" no por su inteligencia débil, sino por su inclinación a causar problemas. Lo más preocupante de las advertencias era la forma en que me miraban las personas que las expresaban: inclinaban la cabeza ligeramente, distorsionaban su boca como si estuvieran saboreando un limón y entrecerraban los ojos. Tenían poca fe de que yo pudiera sobrevivir un encuentro con aquellos idiotas.

Afortunadamente, no me crucé con ninguno de ellos, pero sí con personas felices de extender gestos amables, como servirme porciones de comida desproporcionadamente grandes con una sonrisa de oreja a oreja y diciendo alegremente: "¡Esto te recargará las pilas!"

En una ocasión, mientras me preparaba para pagar un café embotellado en una gasolinera al borde de la carretera, la cajera me dio consejos nutricionales: "Eso está lleno de azúcar; no son nada buenos. ¡Te voy a preparar un café de verdad!" Minutos después, regresó con mi café de verdad y un paquete de galletas. ¿Qué pasó con eso de que el azúcar era mala?

Era demasiado temprano para que la gasolinera estuviera ocupada, y tuvimos tiempo para compartir el café y platicar. La cajera me contó que con frecuencia también pensaba en dejar todo atrás y embarcarse en una larga caminata, pero no me dijo a dónde quería ir. Supuse que no importaba, siempre y cuando estuviera lejos de la tienda, su esposo y sus hijos. Los quería, aclaró, pero a veces deseaba alejarse de todo. Elegí callar mis comentarios y ofrecer sólo un oído comprensivo. Aunque sabía que se necesita más que una plática con un extraño para iniciar una peregrinación, temía que si le daba demasiado aliento, sus hijos se despertarían llorando después de que su madre salió a buscarse a sí misma.

A lo largo del camino me crucé con otros 'peregrinos potenciales' en forma de panaderos, jardineros y otros cuyas profesiones no eran tan evidentes. Estos extraños me compartieron sus sueños con una intensidad y honestidad que no había experimentado antes de la caminata ni volví a experimentar después.

Me preguntaba ¿qué era lo que impulsaba a todas estas personas a hablar tan honesta y abiertamente sobre asuntos tan personales con un desconocido? Eventualmente llegué a la conclusión de que era mi apariencia. Tenía la pinta de un caminante y eso evocaba ideas románticas de seguir sueños, así como una invitación a que me compartieran los suyos. Si yo hubiese sido un peregrino encubierto, caminando con ropa ordinaria, mis interacciones habrían sido tan impersonales y monótonas como suelen serlo.

Del mismo modo, 'la pinta' de un espacio de trabajo es importante, pero no tanto en su búsqueda de estilo (debemos tener cuidado de no caer en la trampa de confundir el buen gusto con el buen diseño).[38] El aspecto de los lugares de trabajo es importante porque comunica las ambiciones y deseos de las personas y la organización, e influye en las interacciones que ésta tiene con sus empleados y clientes. Las apariencias son importantes y van más allá de la estética.

Ahora bien, si un par de botas, bastones para caminar, una mochila (o dos) y un sombrero de ala ancha transmiten la idea de alguien que sigue sus sueños e invita a otros a compartir los suyos, ¿cuál es la 'pinta' que transmite la idea del trabajo?

Esta pregunta se vuelve interesante cuando se considera desde una perspectiva más amplia, y reconsiderando lo que es el diseño. En un artículo de Harvard Business Review, Tim Brown, el CEO de IDEO, escribió:

> *Históricamente, el diseño ha sido tratado como un paso 'río abajo' en el proceso de desarrollo, el punto en el que los diseñadores, que no han desempeñado ningún papel sustantivo de innovación, llegan y ponen una hermosa envoltura alrededor de la idea.*[39]

Brown procede a invitarnos a imaginar las "nuevas formas dramáticas de valor" que pudieran surgir si los diseñadores no estuviesen limitados a embellecer una idea, sino que tuvieran la oportunidad de crearla. Imagina lo que podría surgir si los diseñadores de espacios de trabajo se involucraran en el diseño de la idea del 'trabajo' primero, luego en su 'envoltura'. De ahí las dos siguientes Señales:

19) Diseñar el trabajo primero y luego los espacios de trabajo podría conducir a nuevas formas de valor.

20) Un buen diseño alinea la estética de trabajo de una organización con su apariencia.

Un buen diseño sería entonces aquel que envuelve a una organización con su aspecto inherentemente único de trabajo. Desafortunadamente, la semejanza entre los lugares de trabajo, incluso entre organizaciones de diferentes sectores, sugiere que esta visión no es muy compartida. Sin embargo, una organización con autenticidad de apariencia podría cruzarse con más personas que comparten sus sueños y evitar a los idiotas.

Capítulo 19
Vientos

En ocasiones me tocó caminar durante días con rachas de viento severo. La alerta meteorológica en mi celular me advertía de ráfagas de más de 90 km/h, y cuando esto ocurría, yo confiaba en mis bastones para mantener el equilibrio y estaba muy atento a que no me cayeran ramas encima, o el árbol entero (ciertos árboles en Australia tienen raíces poco profundas). Dependiendo de su dirección, el viento también hacía que me tomara más o menos tiempo cubrir cierta distancia y determinaba si acampar era difícil o simplemente imposible.

En uno de esos días de vientos fuertes, las clavijas que aseguraban mi tienda de campaña al suelo se negaron a permanecer enterradas, por lo que ésta se comportaba más como un papalote que como un refugio. Mientras luchaba, vi un área despejada a un costado de un restaurante del otro lado de la carretera. Decidí que ése sería un mejor lugar para acampar, ya que el edificio me protegería del viento.

Mi plan fracasó abruptamente cuando salió el gerente del restaurante y me hizo saber que el dueño tenía una regla estricta de no dejar acampar a nadie ahí. Fue amable al respecto, ya que había visto mis intentos fallidos de mantener mi tienda en el suelo. Una vez que se dio cuenta de que viajaba a pie y tenía muy pocas opciones de dónde pasar la noche, llamó por teléfono al dueño con la esperanza de obtener una excepción a la regla.

Un seco "no" se derramó por el teléfono en el tono de alguien molesto por ser interrumpido por algo tan trivial. Incapaz de comunicar por esa vía la importancia de las iguanas en las islas Galápagos en el diseño de lugares de trabajo, el gerente de la cafetería lo intentó una vez más, pero el propietario colgó sin despedirse. Visiblemente apenado, el gerente me miró e inclinó la cabeza como diciendo "bueno, lo intenté".

Aquella cafetería estaba en medio de la nada y empezaba a oscurecer. Estaba cansado, el viento se negaba a dejarme instalar mi tienda de campaña y estaba a punto de llover. Si alguna vez hubo un momento para que los violines tocaran notas melancólicas de fondo, era éste.

Mientras empacaba mi equipo, una voz rompió la intensa concentración, que no era para empacar, sino para pensar dónde iba a pasar la noche: "Oye, soy el cocinero. Voy a terminar mi turno muy pronto y te puedo llevar al pueblo."

Acepté la oferta sabiendo que implicaba un desvío al pueblo que tanto había intentado evitar, ya que agregaría varios kilómetros de camino. Sin embargo, esa noche dormí bajo un techo con cuatro paredes firmemente unidas al suelo. Llovió, pero yo estaba a salvo y seco dentro de mi habitación.

A la mañana siguiente, utilicé los pasos adicionales del desvío para pensar en la empatía. En particular, en cómo la empatía parece fortalecerse cuanto más cerca estamos de una situación.

No me queda más que especular qué habría pasado si el dueño del restaurante hubiera estado ahí. A lo mejor habría mostrado empatía si me hubiera visto luchar con mi tienda de campaña. Al menos podría haber sido más comprensivo al respecto, tal vez incluso sugerir una alternativa, tal y como lo hicieron sus empleados.

Una Señal con una razón convincente de las ventajas de que las personas trabajen juntas en lugares físicos:

21) La proximidad social puede promover la empatía.

Afortunadamente, no siempre soplaba el viento. Algunos días eran tranquilos, asoleados y frescos. Uno de esos días fue perfecto.

Capítulo 20
El día perfecto

La caminata del día treinta de mi peregrinaje fue muy corta, tan sólo trece kilómetros de Mollymook Beach hasta Conjola en Nueva Gales del Sur. Fue uno de los tramos más breves de toda la peregrinación y lo cubrí en menos de tres horas. Sin embargo, me habría gustado pasar más tiempo caminando en ese día tan soleado y con una brisa fresca, sin ningún indicio de mi némesis: el viento.

Había dormido bien la noche anterior, lo cual era raro en mi peregrinaje, y me sentía recuperado, como si caminara en las nubes. Mi mochila estaba en su peso más ligero ya que mi tienda estaba seca y sabía que podría cubrir esa corta distancia con tan sólo un litro (un kilogramo) de agua. Mi humor era tan bueno que decidí cambiar mi desayuno típico (barras de granola, cacahuates salados, un plátano y uno de esos cafés embotellados llenos de azúcar) por un desayuno propiamente cocinado y tomé un *café de verdad* en Milton, un pueblo pintoresco con hermosos edificios patrimoniales.

En cuanto terminé mis huevos con tocino y media porción de aguacate, me cayó el veinte de que estaba a 'tan sólo' unos 200 km de Sídney. Regocijándome, me acomodé en mi asiento, pedí una orden de bísquets, otro café y comencé a recapitular mentalmente mi viaje. El optimismo del día me llevó a reflexionar sobre la peregrinación como si estuviera completada. Anticipé las historias que contaría y escribiría, incluidas las que no encontraron lugar en estos capítulos.

Curiosamente, mis pensamientos se conducían a las adversidades que había enfrentado hasta ese día. Recordaba lo adolorido y rígido que sentía el cuerpo después de caminar la distancia de un maratón (poco más de 42 km) a través de un terreno ondulado y saber que no sería recibido por personas aplaudiendo y ofreciéndome una bebida energética. También me acordaba de aquel día en que me puse toda la ropa que llevaba para poder mantenerme caliente, pero aún así temblaba de frío y me preguntaba por qué mi tan fiel saco de dormir, que me había mantenido arropado hasta la cima del Monte Kilimanjaro, no podía ayudarme. Y luego, estaba la sangre que me brotaba del oído izquierdo. Apenas me había dado cuenta de esto un par de días antes y tuve que esperar a llegar a una clínica para averiguar qué me pasaba.

El problema con mi oído resultó ser una infección creada por los tapones que usaba para bloquear el ruido (definitivamente no sonido) del tráfico. Ya que no estaba hablando con nadie ni recibiendo información del mundo exterior a través de mis oídos, ¿para qué quitarme los tapones? Fue una gran idea hasta que dejó de serlo y se me infectó el oído izquierdo. Después de dicho incidente los cambié por orejeras, como lo muestra la figura 20.1.

Pero ese día nada de eso importaba. Era, como dije, el día perfecto. Sin embargo, recordar estas historias de vicisitudes y adversidades me hizo reflexionar que en tan sólo 29 días había sido desafiado de varias maneras y me había enfrentado a la incertidumbre diaria sobre cosas que daba por hecho, como tener agua, comida y un lugar caliente y seco para dormir.

Pero lo más preocupante y desafiante de todo, mucho más allá del dolor, el frío, el aislamiento, los vientos, el hambre, la sed, el cansancio, el aburrimiento, el oído infectado, los míticos idiotas y todo lo demás que el camino me arrojaba, eran los camiones de doble remolque. Esos camiones increíblemente grandes me hicieron sentir tonto por no pensar en ellos mientras planeaba mi caminata.

Figura 20.1 Orejeras

Los riesgos de las serpientes y los incendios forestales encajaban con mi idea romántica de una peregrinación, en la que me veía caminando por campos de hierba, rodeado de naturaleza idílica, y estoy casi seguro de que los peregrinos potenciales con los que me crucé se imaginan a sí mismos en una manera similar. Nunca pasó por mi mente que en mi peregrinación tendría que lidiar con camiones que viajaban a velocidades imposibles para su tamaño.

A menos que fuera más seguro caminar en la misma dirección que el tráfico, lo cual era el caso si sólo había un acotamiento, caminaba en dirección opuesta. Ingenuamente, a pesar de mis dos mochilas, esperaba ser lo suficientemente ágil para esquivar un camión que se aproximaba a alta velocidad. Sin embargo, seguí esta angustiosa práctica de ver el tráfico constantemente dirigiéndose hacia mí, a pesar de las varias veces que los camiones pasaron muy cerca y lo único que pude hacer fue cerrar los ojos.

Particularmente estresantes eran las secciones de la carretera donde el acotamiento era demasiado estrecho o no había acotamiento en lo absoluto.

Como si las peregrinaciones tuvieran una cuota preestablecida de incomodidad, vicisitudes y situaciones peligrosas, que según yo ya había cubierto, en ese día perfecto decidí que todos los problemas habían quedado atrás. Alentado por ese pensamiento, terminé mi café, me puse mis dos mochilas y salí a la carretera.

Todo se mantuvo perfecto hasta las afueras de Milton, donde el camino se convirtió en un acotamiento en la carretera y luego, como tantas veces, desapareció. Mantuve un optimismo frágil hasta que la escalofriante turbulencia lateral de un camión me rozó.

Esto no me molestaba mucho, aunque por lo general terminaba con arena que de alguna manera encontraba el camino hasta mi boca y la masticaba por unos cientos de metros (elegía pensar que era arena). Sin embargo, después de demasiadas llamadas cercanas, llegué a temer esta turbulencia por asociación.

Otro camión pasó volando junto a mí.

No sé qué tan cerca pasó, eso no importaba. Me sentí traicionado. Después de todo lo que había padecido, ¡ya no debería de pasar esto! Mi corazón latía rápidamente, como si estuviese corriendo cuesta arriba, y sin embargo no me había movido ni un centímetro. No podía: un ataque de pánico me inmovilizó.

La idea de "tan sólo 200 km por delante", un poco menos para ese entonces, parecía ahora una hazaña imposible de lograr. Lentamente, desabroché las mochilas una de la otra y dejé que se deslizaran de mis hombros. Escucharlas golpear el pavimento trajo un alivio instantáneo.

¡Hasta aquí! Se acabó.

En ese momento recuperé mis pensamientos, que ahora se precipitaban a ser procesados con una urgencia que me mareó. Simultáneamente, luché para dar sentido a la situación en la que me encontraba y elaborar un plan para volver a casa.

"¿Aquí es donde termina mi peregrinaje?", me pregunté. "Será mejor mover mis mochilas, están demasiado cerca del tráfico. ¿Podré tomar un autobús de regreso a Milton? ¿Tendré que cambiar el nombre de mi peregrinación a *Sísifo va a Milton*?"

Fue en medio de esos pensamientos, parado junto a una carretera al norte de Milton con los ahora imposibles 200 km por recorrer, que me golpeó lo absurdo de mi situación.

Ahí estaba yo, un mexicano de edad madura en medio de la nada, caminando solo hacia Sídney. No tenía toalla ni una organización a la cual beneficiar y estaba encontrando significado en basura desechada y avionetas rosas. Corría el riesgo de ser aplastado por un camión y tenía tierra –perdón, arena– en los dientes. Todo esto porque dos años atrás leí sobre las iguanas en las islas Galápagos durante un vuelo de regreso a casa, y de alguna manera eso me hizo creer que era una buena idea poner mi vida en peligro mientras caminaba una distancia ridícula llevando ropa innecesaria, sin música y con una infección de oído. ¡Todo con la esperanza de incubar una idea única sobre cómo diseñar mejores espacios de trabajo!

Lo absurdo de la situación me hundió.

Y cuando estaba en el fondo, me empoderé al pensar que ninguna máquina podría producir tonterías que contuvieran tanto propósito y significado. Me sentí increíblemente humano, y mi pánico y angustia disminuyeron. Me puse las dos mochilas de vuelta, las ajusté con fuerza y comencé a caminar de nuevo.

Aquí es donde surgió la Señal 2, y si la Señal 13 no hubiera destacado ya el papel de lo absurdo en la creación de propósito, se habría levantado aquí también.

Sídney ya no estaba a "sólo" o a "imposibles" 200 km de distancia; la distancia ya no importaba. Sabía que iba a llegar allá.

En cierto modo, mi peregrinación comenzó en ese momento: realmente fue el día perfecto.

Capítulo 21
El último paso

Volar a Sídney de trabajo traía consigo la promesa de conversaciones emocionantes y sentía como si condensara toda una semana de trabajo en un sólo día. En contraste, mi llegada como Sísifo no tenía ninguna junta ni conferencias programadas, ni siquiera una plática de café. Lo único que tenía que hacer ahí era tomar un vuelo de regreso a Melbourne.

Desde el día que comencé a planificar la peregrinación, me preguntaba qué se sentiría llegar caminando a Sídney. ¿Caería de rodillas, levantaría los brazos y volvería mi cara al cielo mientras derramaba una lagrima? ¿Haría como Forrest Gump y lacónicamente diría: "Estoy muy cansado, creo que me iré a casa"?[40] No tendría que esperar mucho más para averiguarlo. Estaba en mi último día de caminata, a solo 37 km de la Ópera de Sídney, la línea de meta de la peregrinación.

Ocho horas para llegar a la meta puede parecer una larga caminata, pero desde la perspectiva de la vida a 4.6 km/h se sentía más corto que los minutos esperando en una fila para abordar un vuelo. Mi modesta contribución a la relación entre símbolos y velocidad a la que se desplaza una persona, descrita en el libro de *Aprendiendo de Las Vegas,* sería que además de los símbolos, nuestra paciencia también se ve afectada, pero de una manera proporcionalmente inversa: a mayores velocidades, menor paciencia. A la velocidad crucero de los aviones (aproximadamente 200 veces la velocidad de mi caminata) nuestra paciencia es diminuta.

A medida que me acercaba a la Ópera, me sentí extrañamente obligado a seguir el incómodo paso veloz del primer día. Ahora que lo pienso, la peregrinación fue como un sándwich con pan viejo y difícil de masticar, pero con un relleno riquísimo. La mejor parte fueron los días al centro de mi caminata, pero necesitaban dos 'panes' para mantenerlo unido.

Finalmente di el paso 1,281,772 en la base de la Ópera de Sídney. Puse tanta atención a cómo me sentía, incluso a cómo debería de sentirme, que no estoy seguro de cómo me sentí realmente.

Lo que sí puedo decir es que cada pensamiento fue abrumado por la experiencia surrealista de haber llegado. Ese momento en el que el *allá* se convierte en el *aquí*. Me sorprendió lo significativo y especial que se sentía estar en la base de la Ópera, a pesar de haber estado ahí muchas veces antes. Pero la manera de llegar lo hizo sentir, y verse, tan diferente.

Mucho de lo que hacemos en el diseño de los lugares de trabajo tiene que ver con esta fórmula:

$$B = f(P,E)$$

o su equivalente en español: $C = f(P,E)$

En la cual:
C es el Comportamiento (*Behaviour*), P es la Persona (*Person*) y E es el Entorno (*Environment*).

Esta fórmula, creación del psicólogo Kurt Lewin, se lee como: el comportamiento es una función de la persona y su entorno.[41] Es una fórmula elegante, pero también conceptual y no se puede usar de la misma manera que las fórmulas matemáticas. Pasarlo por alto es la fuente de muchos malentendidos en el diseño de los lugares de trabajo.

Los diseñadores centran su atención en el (E)ntorno de la ecuación y su objetivo es darle forma al espacio de una manera que promueva cierto (C)omportamiento. Las palabras de Robert Bechtel encajan muy bien aquí: "Es el comportamiento, y no el espacio, lo que está encerrado por la arquitectura".[42] En el diseño, también se considera a la (P)ersona, y se crean 'personas tipo'. Sin embargo, una vez concebida, esta persona tipo se considera constante, no cambia: es más parecida a un estereotipo demográfico que a un ser humano.

Mientras estaba sentado en los escalones de la Ópera, redescubriéndola como si la estuviera mirando por primera vez, esta lógica se sentía increíblemente errónea.

Si bien no solemos pasar por experiencias tan intensas como mi peregrinaje, según Lewin los entornos físicamente idénticos pueden sentirse diferentes en circunstancias mucho menos dramáticas, por ejemplo cuando una persona tiene hambre y cuando está saciada.

Y aquí viene la pregunta crítica ¿qué importa más, las cualidades del entorno o el estado de la persona? Sobre esto, Lewin da la respuesta académica que frustra a tantos:

> ... *depende del estado de la persona y al mismo tiempo del entorno, aunque su importancia relativa es diferente en diferentes casos.* [41]

Algunos estudiosos[43] también han comentado que la coma entre 'P' y 'E' en la fórmula de Lewin (en lugar de un signo de más o menos, o cualquier otro operador) deja la relación entre la persona y el entorno aún más abierta. Independientemente de esto, la fórmula es un recordatorio muy útil y una Señal importante para que aquellos que trabajan con el (E)ntorno, no olviden la naturaleza cambiante de la (P)ersona.

22) El (C)omportamiento en los lugares de trabajo puede variar como resultado de cambios en el (E)ntorno y/o la (P)ersona.

Mientras daba vueltas alrededor de la Ópera, pensaba también en lo poco notable que había sido el último paso. Muy similar al paso anterior y bastante similar al de antes. Sin embargo, entre el primer y el último paso hubo más de un millón doscientos mil pequeños e imperceptibles cambios donde ocurrió la peregrinación. Aquí es donde la canción "De cosas pequeñas, grandes cosas crecen" (*From little things, big things grow*)[44] nos demuestra su sabiduría (pero no me sentí más grande, solo diferente). Las selfies en la figura 21.1 dan una idea de algunos cambios físicos sutiles como el cabello rebelde y la barba, pero no logran captar que se trata de un (P)ersona diferente.

Figura 21.1 Selfies en Federation Square, Melbourne, 1 de julio de 2018 (arriba) y la Ópera de Sídney, 11 de agosto de 2018 (abajo)

Después de un largo baño y de descansar en un hotel el cansancio acumulado de 42 días, tomé un vuelo de regreso a Melbourne.

Capítulo 22
Descompensación mental

12 de agosto de 2018, 3pm
30,000 pies sobre Nueva Gales del Sur

Me sorprendió reconocer una parte de mi ruta de los últimos días al asomarme por la ventanilla del avión. Rápidamente, tomé una foto de una sección distintiva de la carretera que anduve durante el día treinta y dos de la caminata, desde Sanctuary Point (cubierta por el ala del avión a la derecha) hasta Bomaderry (debajo de las nubes a la izquierda) indicada con una 'x' en la figura 22.1.

En el centro de la fotografía superior, marcada con un cuadrado, está el puente del río Shoalhaven, que crucé y fotografié en la caminata, como muestra la imagen inferior.

Ese día recorrí 34 km y estuve en la carretera durante 7 horas y 40 minutos, muy cerca de mis 7.5 horas de trabajo estándar por día. Pero mientras miraba por la ventanilla, mi día completo de trabajo como peregrino desapareció de mi campo de visión en cuestión de segundos, una sensación tan surrealista como mi llegada a la Ópera de Sídney.

Luego el avión viró hacia el interior y perdí de vista mi ruta de peregrinación.

Sídney y Melbourne están conectadas por un vuelo de poco más de una hora y ambas están en la zona horaria estándar del este de Australia. Sería inexplicable tener cualquier tipo de *jetlag* (el termino en inglés que se traduce como *descompensación horaria* debido al cambio rápido de zona horaria) por un vuelo tan corto, pero sí experimenté un caso agudo de "mindlag", o descompensación mental, cuando llegué a Melbourne.

Sorprendentemente, no encontré nada relevante cuando busqué en Google 'mindlag', así que ofreceré mi propia definición de este término ficticio:

> **Mindlag** /mʌɪnd lag/ *sustantivo*. La sensación que se experimenta cuando el cuerpo parece llegar antes que la mente.

Un síntoma del *jetlag* es la lucha por mantenerse despierto o por quedarse dormido cuando uno debería estar despierto o dormido. En contraste, los síntomas del mindlag incluyen mareo y decir repetidamente, ya sea en voz alta o en la mente: ¡No puedo creer que estoy aquí!

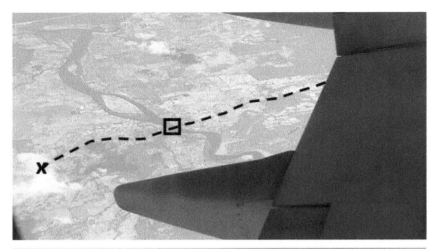

Figura 22.1 Vista desde el avión (arriba) y vista del peregrino (abajo)

Después de reencontrarme con mi mochila polvorienta en el carrusel de equipaje, abandoné mis planes de tomar el transporte público a casa. En su lugar elegí un paseo panorámico, con la esperanza de que mi mente se sincronizara con mi cuerpo: una especie de tratamiento automedicado para la descompensación mental.

Cuando finalmente llegué a la puerta de mi casa, me di cuenta de algo que no había notado durante mi último paso en la Ópera: las peregrinaciones no terminan con la caminata.

CUARTA PARTE
**PASOS REALES,
PEREGRINACIÓN VIRTUAL**

Capítulo 23
Peregrinación virtual, dolor real

"¿Y ahora qué?", me preguntaban amigos y familiares a mi regreso. Lo confundidos que se veían cuando les conté sobre las iguanas y todo lo demás contrastaba con la curiosidad que ahora tenían de escuchar qué nueva aventura, aún más loca, tenía planeada.

"No sé", les respondía. Era una pequeña mentira, porque mi plan era recuperar los diez kilos que había perdido durante la caminata y averiguar qué había aprendido durante la peregrinación. Pero eso no era emocionante, los habría decepcionado.

De regreso en mi trabajo, estaba aún más inquieto. Sentía que había otras formas, posiblemente más útiles, de diseñar y medir lo que consideramos como un buen lugar para trabajar.

Sospechaba que contar cuántas personas usan o no una oficina, o medir qué tan satisfechos están los empleados con sus instalaciones o la cantidad de energía que consume el edificio, entre muchas otras cosas que normalmente medimos, eran necesario pero insuficiente para satisfacer incluso la versión más tenue de las Señales que empezaban a asomarse.

En búsqueda de parámetros más relevantes, encontré una *Escala para medir la dignidad en los lugares de trabajo,*[45] y en colaboración con un equipo multidisciplinario de diseñadores y académicos me propuse explorar si el lugar de trabajo podría ayudar a mantener y aumentar la dignidad de los empleados.

Publicamos nuestros hallazgos preliminares en un breve reporte titulado *Diseñando para la dignidad.*[46] Un punto que vale la pena mencionar aquí es que la dignidad se afirma cuando las personas son tratadas como inherentemente dignas de respeto, y eso puede cristalizarse pasiva, pero persistentemente, en el lugar donde trabajan.

Nuestro estudio fue una exploración del lugar de trabajo desde un ángulo diferente y tiene un largo camino por recorrer para estar a la par con otros métodos establecidos. Pero aunque nunca llegase allí, sirve como un recordatorio de lo que cuenta en los lugares de trabajo. Como escribió el sociólogo William B. Cameron: "No todo lo que se puede contar cuenta, y no todo lo que cuenta se puede contar".[47]

Aquí nos cruzamos con una Señal que a menudo se pasa por alto:

23) El lugar de trabajo no es sólo lo que podemos medir.

Poco a poco, las lecciones de mi peregrinaje, lo que colectivamente llamaba mi iguana, comenzaba a tomar forma. En ese frente mi progreso era lento, pero en el otro estaba avanzando a pasos agigantados: resulta que comer pollo a la Parmigiana, un plato típico de Melbourne, con un sentido de obligación hace que sepa aún mejor. Acumulaba kilos mucho más rápido que lecciones.

Claridad tipo dos

Mucho se ha escrito acerca de la experiencia de terminar una peregrinación. Hay quienes nos cuentan sobre la sensación de vacío que vivieron después de terminar la caminata, otros hablan de cómo lidiaron con la pérdida de propósito mezclada con la pérdida de nuevas, pero intensas amistades hechas en el camino.

Aquellos que encontraron la experiencia positiva, pero el después complicado, parecen anhelar la simplicidad de los días en que sólo caminaban. Luego están los que se sintieron decepcionados de que no llegaran las respuestas que se propusieron encontrar, al menos no tan rápido como esperaban.

Tal vez, así como hay diversión tipo dos, ¿también hay una claridad tipo dos? Una claridad ganada a través del tiempo.

Y en eso, llegó el 2020.

Nunca me hubiera imaginado que reanudaría mi peregrinación dos años después de mi caminata a Sídney. Pero esta vez no fue incitada por iguanas ni por ningún otro animal, sino por nuestras vidas siendo cada vez más digitales en respuesta a la pandemia de COVID-19.

¿Es posible hacer una peregrinación virtual?, me pregunté. Me alegraba no haber tenido que pensar en eso antes, pero un anuncio promoviendo el Camino de Santiago en línea me hizo reflexionar. Hice clic en la sección de comentarios del anuncio esperando encontrar un consenso abrumador de que la única forma de hacer El Camino era en El Camino, en España, no a través de un sitio en internet. Pero fue todo lo contrario, un número abrumador de comentarios aparecieron en apoyo:

"¡Genial!"

"¡Me encanta!"

"Acabo de terminar El Camino [en línea] y estoy pensando en hacer ahora La ruta Inca [en línea]."

Seguí leyendo comentarios, con la esperanza de encontrar algunos de personas que "realmente supieran" de lo que estaban hablando. Eventualmente, encontré uno:

> "Fascinante cómo un camino hacia 'dios' o 'unidad espiritual' o al menos la búsqueda humana de significado, se reduce a algo tan trivial".

La parte trivial se refería a cómo se hace El Camino en línea: caminas en cualquier lugar que te encuentres en el mundo real y subes la distancia caminada a un sitio web donde un icono que te representa se mueve a lo largo de la ruta francesa que conecta los Pirineos franceses con Santiago de Compostela en España.

Simple y trivial.

Generalmente no soy tan cínico, pero esta "peregrinación" me irritaba. Me molestaba que esta versión no se hacía en la manera en que se supone que se debe hacer una peregrinación, alterando lo que ésta es o debería ser. El Camino virtual desafiaba las nociones básicas que definen las peregrinaciones.

Tal realización me ayudó a ver que mi iguana estaba haciendo algo muy similar, no a las peregrinaciones, sino a los lugares de trabajo. A fin de cuentas, mi idea evolucionada desafiaba las nociones básicas de los lugares en los que trabajamos.

En uno de esos momentos de los que sabía que me arrepentiría más tarde, se me ocurrió que le debía a mi iguana sobrepasar el disgusto creado por algo que desafiaba mis creencias. Tenía que darle una oportunidad al Camino de Santiago en línea.

Para ser claro, no estoy abogando por la adopción desenfrenada de ideas que podríamos tener buenas razones para evitar. Más bien, mi sugerencia es reconsiderar aquellas ideas que descartamos simplemente porque cuestionan nuestras creencias. Una forma de diferenciar entre estos dos casos es examinar la reacción visceral incitada por la idea.

Por supuesto, igualmente erróneo es aceptar una idea simplemente porque encaja cómodamente con nuestra visión del mundo. Y aquí es donde me sorprendí por lo bien que había logrado ilustrar ambos lados de mi prejuicio al desacreditar los puntos de vista opuestos sobre las peregrinaciones, al mismo tiempo que buscaba aquellos que se alineaban con los míos.

Sorprendentemente, El Camino en línea vino precargado con una característica muy importante de las peregrinaciones que planteé en la primera parte: el dolor. Aunque no era físico, era uno de los dolores más grandes en la naturaleza humana, del cual nos advirtió Walter Bagehot en el siglo diecinueve: el dolor de una idea nueva.

> *[Una idea nueva] te hace pensar que, después de todo, tus nociones favoritas pueden estar equivocadas, tus más firmes creencias mal fundadas.* [48]

La primera Señal de mi peregrinación virtual apareció antes de pagar mi registro.

24) La dificultad de cambiar nuestras creencias puede dificultar la adopción de innovación.

Cuando escribí mi tesis doctoral, argumenté que el futuro de los lugares de trabajo estaría influenciado por el proceso a través del cual adoptamos innovaciones, un argumento que suena obvio. Sin embargo, la adopción de innovación está lejos de ser un proceso racional. Los prejuicios personales, corporativos e incluso de la industria dentro de un contexto social y cultural, moderan la adopción de la innovación.[49] Es importante destacar que dichos prejuicios no son meras inconveniencias, sino ideas extremadamente útiles para ayudarnos a comprender quiénes somos y el tipo de futuros a los que aspiramos.

Mi Camino era virtual, pero los 774 kilómetros para completarlo eran muy reales. Una vez más, me encontré caminando una cantidad innecesaria de kilómetros por otra razón ridícula. Lo bueno fue que este experimento virtual ofreció la oportunidad de vivir el proceso de intentar una idea desafiante, un paso muy importante para replantear el futuro del trabajo y el de los lugares en los que se ejerce. Este experimento también creó un contexto fértil para contrastar mundos virtuales con análogos de una manera particularmente útil para los espacios de trabajo.

Capítulo 24
Deconstruyendo peregrinaciones

Mi Camino en línea comenzó en la preciosa población de Saint-Jean-Pied-De-Port, al pie de los Pirineos franceses. Qué bueno que esta vez nadie fue a despedirme, porque yo tampoco estaba allí: comencé mi caminata a muchos miles de kilómetros de aquella población.

Todos los días caminaba por las calles alrededor de mi casa en Melbourne y subía las distancias recorridas al sitio web. El proceso fue trivial hasta el final, pero sirvió como un recordatorio constante de los diecisiete mil kilómetros de distancia entre donde caminaba y donde se suponía que debía ocurrir la peregrinación, como indica la figura 24.1.

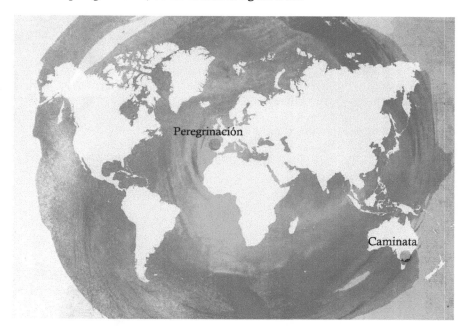

Figura 24.1 Separación entre la caminata y la peregrinación

A los pocos días, recibí un correo electrónico de los organizadores con una lista de "conversión de actividades". Resulta que podía registrar el tiempo dedicado a otras actividades preaprobadas en el mundo real que no involucraran caminar, y convertir ese esfuerzo en kilómetros virtuales que me acercaran a Santiago de Compostela.

La lista incluía una colección ecléctica de actividades aparentemente poco peregrinas como bailar y jugar ping pong. Mi conversión favorita eran las tareas domésticas, pero si soy honesto mi intención era revertir la conversión e intercambiar todos mis kilómetros por su equivalente de más de doscientas horas de limpieza, y estar exento de dicho tiempo haciendo esas labores en el mundo real. Lamentablemente, mi pareja no aceptó ese trato.

Si bien no utilicé ninguna conversión, éstas me llevaron a una pregunta interesante: ¿es necesario caminar para hacer una peregrinación? Si podemos, como lo hacemos en la mayoría de las veces, caminar sin que sea una peregrinación, ¿lo opuesto podría ser cierto?

No podía creerlo. No hace mucho me había enfurecido por un anuncio que promocionaba una versión virtual de El Camino y un par de días más tarde estaba cuestionando la naturaleza misma de las peregrinaciones.

Sin embargo, mi herejía resultó provechosa en dos maneras. Primero, ahora creo que es posible hacer una peregrinación sin caminar. Esta es una noticia alentadora para aquellos que me han preguntado cómo podrían beneficiarse de una experiencia similar a la de una peregrinación sin dar pasos. Más sobre esto en el Capítulo 32.

En segundo lugar, la relación entre la intangibilidad de una peregrinación y la fisicalidad de la caminata se asemeja bastante a la intangibilidad del trabajo y la tangibilidad de las tareas (aquellas actividades que hacemos para progresar en el trabajo). Desacoplar la peregrinación de su caminata me preparó para intentar un desafío similar con el trabajo y las tareas.

Dos Señales surgieron en rápida sucesión:

25) El trabajo y las tareas son diferentes, pero están interconectados.

26) El trabajo es intangible, las tareas son tangibles.

Este razonamiento revela que tanto las peregrinaciones como el trabajo pueden perder mucho cuando los reducimos a sus métricas más comunes: la distancia recorrida y la producción. La siguiente Señal surgió inevitablemente:

27) El trabajo es más que su producto.

Estaba enrrachado, y antes de que terminara el día, apareció una Señal más:

28) El lugar de trabajo podría beneficiarse de las lecciones derivadas de casos en los que no se puede trabajar.

Nuestro entendimiento acerca del trabajo, a partir del cual diseñamos los lugares para trabajar, proviene de... gran sorpresa... nuestra capacidad de trabajar. Pero, ¿acaso hay lecciones que vale la pena aprender sobre el trabajo cuando no podemos trabajar?

Imagina esto: Son las 4:30 de la mañana y estás listo para ir a trabajar. Estás listo tan temprano, no porque te tome mucho tiempo llegar a tu trabajo, tampoco para terminar temprano e ir al gimnasio antes de la cena. No, lo hiciste para pasar el mayor tiempo que puedas trabajando.

Si eso te suena poco apetecedor, ¿qué pensarías si te dijera que además no te pagan por tu trabajo? De hecho, serás tú quien intercambies objetos por el privilegio de trabajar. ¿Por qué? Para tener algo que hacer.

Esta no es la trama de una novela distópica post-Inteligencia Artificial de una sociedad desempleada en la que la tecnología reemplaza a los humanos. Este fue un caso documentado por investigadores[50] hace casi tres décadas que ocurrió en una prisión donde los reclusos se levantaban antes del amanecer, intercambiaban cigarros y negociaban privilegios para poder trabajar, por la oportunidad de tener algo que hacer.

El trabajo en cuestión era alimentar a los peces en la pecera del reclusorio.

Lecciones emergentes de "un estado de preclusión en ocupaciones de necesidad y/o significado debido a factores que están fuera del control inmediato del individuo"[51], o para abreviar: '*entornos de privación ocupacional*', nos permiten ver al trabajo como algo más que una suma de sus tareas y podría ayudarnos a diseñar mejores lugares para cuando necesitemos trabajar.

Huellas en la nieve

En el *Asesinato en el Expreso de Oriente*,[52] de Agatha Christie, descubrimos el cuerpo del señor Ratchett con doce puñaladas. A medida que se desarrolla el misterio, nos enteramos de que la ventana de su compartimiento estaba abierta, sugiriendo la ruta de escape del asesino. Pero Hercule Poirot, el consumado detective, sabía que el asesino permanecía en el tren, pues no había huellas en la nieve.

Si bien menos dramáticos que esta situación, los lugares de trabajo también pueden considerarse como escenas de crimen en donde el entorno proporciona pistas sobre la naturaleza del trabajo que ahí se realiza. Entre las muchas pistas, una común es "la productividad". Pero tal y como en el caso del Sr. Ratchett, la pista más evidente también es engañosa. Como Poirot, no nos dejamos engañar.

El Camino estilo Sísifo

Las aventuras a lo largo de la ruta, combinadas con los paisajes extraordinarios del Camino real, han inspirado libros como *El peregrinaje,* de Paulo Coelho,[53] películas de Hollywood como *El Camino*[54] e incluso documentales galardonados como *Caminando el Camino.*[55] Pero nada tan destacado ha salido de la versión virtual, y creo saber por qué.

Mi ruta en el mundo real era monótona, sin incidentes y no me llevaba a ninguna parte. Era un circuito que comenzaba y terminaba en mi casa y corría a lo largo de lo que una vez fue un arroyo, pero ahora es un desagüe abierto de concreto para aguas pluviales, como lo muestra la figura 25.1.

Tenía poca fe de que una ruta tan aburrida podría proporcionar el estímulo necesario para una peregrinación. Más aún, esta vez mi apariencia se mezclaba con la de otros caminantes en el sendero suburbano: era un peregrino encubierto haciendo una peregrinación virtual. Aun así, seguí las dos reglas de mi versión análoga: caminar solo y sin distracciones.

Mientras buscaba otras rutas para aliviar la monotonía de mi circuito, me acordé de *La pendiente,* un sendero en Colorado, Estados Unidos, que es corto (tan sólo 1.42 kilómetros de largo) pero muy empinado. La cumbre está a 610 metros por arriba de su base, de ahí su apodo.[56] Subir La pendiente de Manitou Springs una vez es difícil, ¿por qué entonces alguien consideraría hacerlo 690 veces?[57]

Si eres bueno con los números, a lo mejor ya te diste cuenta de que subir 610 metros 690 veces te acerca a una altitud figurativa de 421 kilómetros. Si eres igualmente bueno en trivias, sabrás que esa es la altitud de la órbita de la Estación Espacial Internacional.[58]

Subir y bajar un cerro casi 700 veces durante el transcurso de un año no tiene sentido. Por otro lado, subir el mismo cerro hasta que uno alcanza la elevación de la estación espacial, sigue siendo absurdo, pero significativo porque figurativamente habrás llegado a un destino muy genial. Entonces, ¿por qué alguien subiría el mismo cerro más de 700 veces, 719 veces para ser exactos? Una razón es para vencer al tipo que *llegó* a la estación espacial, la otra es más simbólica: 719 es el código de área de Colorado Springs.

La absurda rivalidad entre dos sujetos bastante atléticos buscando significado en las Montañas Rocosas me permitió replantear mi propia situación. Me di cuenta de que una ruta con más atractivo que mi desagüe de aguas pluviales no resultaría en una peregrinación más significativa.

Figura 25.1 Foto de El Camino de Santiago (arriba) y mi camino de desagüe pluvial (abajo). Imagen superior cortesía de Matthew y Heidi Smith.

Me convencí no sólo de tolerar el circuito mundano de mi caminata, sino también de apreciarlo por lo que era: otro recordatorio de Sísifo empujando su roca por la misma montaña durante toda la eternidad. Así me di cuenta de que no sólo estaba dando vueltas alrededor de mi casa (aunque eso era exactamente lo que estaba haciendo) sino que estaba haciendo El Camino de Santiago al estilo Sísifo, y me encantó.

Agregar significado, por no decir propósito, a tareas rutinarias y monótonas no ha sido pasado por alto por organizaciones que han rebautizado lo mundano como excitante. Por ejemplo, en lugar de ir diario a la oficina, se nos ofrece la oportunidad de ser un héroe cada día, ver un camino claro hacia el éxito, participar en aventuras personalizadas y ganar premios en el trabajo.[59] Tal es la oferta de una compañía que utiliza "los mecanismos y estrategias que hacen que los juegos sean emocionantes y adictivos para impulsar de manera sostenible la dedicación, el aprendizaje y el rendimiento de los empleados",[59] un método conocido como gamificación.

La razón por la que creo que la gamificación funciona para aquellos que intentan una hazaña física tan difícil como La pendiente, o incluso caminar el Camino en línea, es la misma razón por la que tengo mis dudas sobre su uso en el lugar de trabajo. La gamificación puede agregar significado, incluso propósito, a tareas que de otro modo no tendrían sentido, pero trabajar en el lugar de trabajo (no necesariamente en la oficina, como veremos más adelante) debería ser el equivalente a hacer El Camino de Santiago en España, sin necesidad de gamificación adicional. Así aparece una Señal importante sobre la alineación de significado:

29) El trabajo que está alineado con su entorno no requiere significado añadido.

El uso de la gamificación en los lugares de trabajo también podría sugerir no sólo que el trabajo y las tareas se pueden desacoplar, como me había preguntado inicialmente, sino que ello podría ser inevitable.

Me tomó un buen número de vueltas sin sentido alrededor de mi circuito para llegar a una conclusión similar a la que el sociólogo y economista alemán Max Weber alcanzó a principios de 1900. Weber argumentó que ser más productivo a un costo menor implica explorar todas las oportunidades para hacer que las tareas sean más eficientes.[60] Esta eficiencia racional, señaló, ocurre a expensas de eliminar tradiciones, valores y emociones que eran fuertes motivadores detrás de tales actividades.

Si bien la eficiencia racional puede ayudar a que una organización sea más eficaz, este proceso también puede dejarlas vacías. Una recopilación[61] de treinta de los rituales más comunes adoptados por algunas organizaciones ilustra el proceso de reintroducción de actividades que podrían haber sido víctimas de este proceso. Estos incluyen 'días de crecimiento', en los cuales se les da un día libre a los empleados para que lo inviertan en desarrollo personal, y 'generadores de pensamiento crítico', donde las juntas arrancan con una pregunta crítica.

Las dos Señales que aparecen aquí son:

30) La búsqueda de eficiencias podría despojar al trabajo de su significado.

31) La necesidad de gamificación y rituales añadidos podrían ser signos de un lugar de trabajo demasiado eficiente.

Weber tenía mucho más que decir, lo que finalmente condujo a su *Teoría burocrática*.[62] Poco después, veríamos el desarrollo de otra teoría: *La administración científica del trabajo,* de Taylor.[63] Ambas teorías establecieron expectativas sobre cómo se debería hacer y administrar el trabajo y más de un siglo después continúan dando forma a los lugares de trabajo.

A medida que subía a la página web los kilómetros que recorría alrededor de mi casa, veía como mi posición virtual se actualizaba a lo largo de la ruta francesa. A veces me entretenía viendo el mapa en línea, y hacía clic en la 'vista de calle' en donde contemplaba los increíbles paisajes por los que pasaba virtualmente y sentía alegría virtual, en sus dos significados: el de informática, que se refiere a una simulación del mundo real, y su otro significado de casi, pero no completamente, lo que debería de ser.

La mochila de Sísifo: cargando el lugar de trabajo

No empaqué nada para mi Camino virtual. No llevaba ropa, y con mi cama cerca tampoco necesitaba un saco de dormir ni batallar con una tienda de campaña mojada. Definitivamente, tampoco necesitaba una mochila, lo cual me hizo darme cuenta de que, con la excepción de un cuaderno y un bolígrafo que empaqué para mi peregrinaje, la gran mayoría de las cosas que cargué hasta Sídney eran para progresar la caminata.

¿Será que podríamos imaginar los lugares de trabajo como una mochila, y clasificar su contenido con relación al papel que juegan en apoyar a las tareas (caminar) o al trabajo (peregrinaje)?

Lo intenté. Pero la claridad que tenía acerca del propósito de los artículos que empaqué no se extendió a los componentes del lugar de trabajo. El que una pecera pueda convertirse en la esencia de lo que significa el trabajo complica las cosas.

Aun así, fue un ejercicio intrigante que te invito a intentar. Considera si los componentes de tu oficina te ayudan a progresar una tarea, sostener tu trabajo o a ambos. Puede ser que encuentres que el *por qué* detrás de cada decisión es más interesante que el componente mismo. Si te pasa como a mí, terminarás con una lista de componentes que sostienen las tareas, que en su conjunto conforman un "lugar de tareas", y otra lista increíblemente más corta que conforma un lugar de trabajo.

Ahora que muchos están cuestionando el propósito de la oficina, podría ayudar descargar el peso muerto de los componentes que conforman un lugar de tareas y favorecer aquellos elementos que conforman un lugar de trabajo.

Capítulo 25
Postal de Pamplona

Mi Camino en línea incluyó extras que no tuve en mi peregrinación a Sídney: recibí postales. Una de ellas fue de cuando "llegué" a Pamplona y supuestamente corrí con los toros. Una postal, o mejor dicho una imagen digital de una postal, llegaba por correo electrónico cada vez que acumulaba el número de kilómetros que lo justificaba.

Aquellas postales digitales recreaban con mucha atención detalles ornamentales de una postal real. Por ejemplo, los timbres postales eran por supuesto innecesarios, pero aun así mi versión digital los tenía. Mostraban las imperfecciones que ocurren en una postal real, y estaba escrita con un tipo de letra que imitaba la escritura cursiva. La postal parecía estar desgastada en las esquinas y tenía el tipo de marcas que se esperarían durante un largo viaje a manos de los servicios postales internacionales.

Mis postales digitales eran un esqueuomorfismo, un palabrón para un concepto simple pero fascinante: dar a un objeto (digital o análogo) las propiedades necesarias del objeto original que intenta representar. El objetivo es que la imitación herede la familiaridad y evoque emociones similares a las del original. Este proceso requiere identificar las características clave del objeto para transmitir adecuadamente su esencia, y luego debe descubrir formas de transferir dicha esencia al nuevo objeto.

Doce años antes de recibir mi postal de Pamplona, abordé un avión para ir al otro lado del mundo. Era 2008, una época en la que disciplinas como la sociología, la economía y las que te imagines, habían desarrollado un máximo interés en los mundos virtuales como una forma de avanzar sus estudios.[64] Este interés fue compartido por la arquitectura, ya que es más fácil, más rápido y más barato diseñar, construir y mantener un edificio en un mundo virtual que en el mundo real.[65] Muy pronto, las organizaciones comenzaron a experimentar con entornos virtuales para actividades relacionadas con el trabajo.

En aquel nivel de interés en los mundos virtuales fue que viajé a Manchester, Reino Unido, para estudiar a una organización pionera en la adopción de *Segunda vida* (*Second Life*), un mundo virtual popular en aquel momento. La oficina en el mundo real de aquella organización eran filas de escritorios con un pasillo a un lado y ventanas al otro, un falso plafón acústico y una alfombra gris: una típica oficina de planta abierta.

Por otro lado, su lugar de trabajo en *Segunda vida* era una esfera de vidrio flotando sobre el mar, como en la figura 26.1. La consistencia metafórica de la organización, en particular la física del mundo, era bastante sofisticada. Sin embargo, cuando se trataba de modelar el entorno de trabajo, imitaban su equivalente en el mundo real lo más auténticamente posible, al igual que mi postal de Pamplona.

¿Una esfera de vidrio flotante en medio del océano? No hay problema. Interactuar en línea en un entorno que no imita el mundo real... bueno, eso era problemático.

> "Lo que me gusta de nuestra oficina [virtual] es que es lo opuesto a replicar una oficina del mundo real, pero aún así tiene una muy buena funcionalidad. Cuenta con espacios para juntas y áreas de presentación. Tiene los mismos usos prácticos de una oficina, en un entorno innovador."
>
> Director General[1]

Figura 26.1 Boceto de la oficina en *Segunda vida*

Los mundos virtuales lucharon por dejar atrás sus orígenes en video juegos y ganar reputación profesional, pero no lo lograron. Un apocalipsis digital muy real en 2012 acabó con muchos de ellos,[66] pero algunos mundos sobrevivieron, incluyendo *Segunda vida*, que ha renovado su oferta de trabajo virtual bajo el lema 'trabajo remoto redefinido'.[67]

Una lección clara que nos dejó la pandemia es que a pesar de que los mundos virtuales tienen una interface mucho más avanzada, el trabajo remoto, o mejor dicho las juntas, se trasladaron en su gran mayoría a plataformas de videoconferencia, no a los mundos virtuales.

Irving y el metaverso

Las expectativas creadas por los mundos virtuales de antaño ahora están puestas en el metaverso y estoy muy emocionado de ver este nuevo meta-esqueuomorfismo.[68] Pero a medida que construimos nuevos mundos y nuevas versiones de nosotros en ellos, me preocupa lo que podamos perder. En particular me preocupa Irving.

Cuando la compañía de salchichas *Vienna Sausage Company*, con sede en Chicago, se mudó a una nueva planta, las salchichas perdieron su color rojo distintivo y su consistencia característica. Estaban confundidos, ya que habían conservado la misma receta, ingredientes y procesos, pero una vez en su fábrica nueva de vanguardia especialmente diseñada, las salchichas salían rosas y con una consistencia diferente.[69]

Después de mucho pensar, finalmente recordaron a Irving, un empleado muy querido que transportaba las salchichas a través de los laberintos de la vieja planta hasta el lugar donde eran ahumadas. El traslado de las salchichas a través de los laberintos de la antigua fábrica que había crecido sin planeamiento permitía que éstas se enfriaran y adquirieran su color y consistencia distintivos.

"La nueva planta no tenía ese enjambre de laberintos. Era el modelo mismo de eficiencia", reflexionó el presidente de la compañía.[69]

A medida que se nos ofrecen oportunidades para crear nuevos mundos de trabajo en el metaverso, o nuevas configuraciones en el mundo real, debemos tener cuidado de no dejar atrás a los 'Irvings' y otros aspectos del trabajo que pueden parecer ineficientes pero que ofrecen ventajas competitivas.

A pesar de no haber estado a la altura de sus grandes expectativas, los mundos virtuales me dejaron buscando formas de comunicar la esencia del trabajo, y produjeron la siguiente Señal:

32) Comprender la esencia del trabajo puede ayudar a mejorar los entornos de trabajo actuales y emergentes.

Esta Señal tiene el potencial de generar una lista de atributos de lo que hace un lugar de trabajo. Útil sin duda, pero también una lista incompleta debido a una carencia que se remonta a la dificultad de definir qué es el trabajo. Esto es tan complicado que a algunos, empezando por Aristóteles, les resultó más fácil definirlo no por lo que es, sino por lo que no es. Por ejemplo, el trabajo es lo que no es ocio.[70]

El punto que quiero hacer aquí es que una cualidad esencial de los lugares de trabajo es también lo que no son, lo cual da pie a la siguiente Señal:

33) El lugar de trabajo también es lo que no es.

Por lo tanto, los lugares de trabajo no deben satisfacer únicamente su propia lista de requisitos, también deben considerar los de otros dominios con los que podría estar en conflicto. Teorías acerca del balance entre el trabajo y la vida familiar[71] sugieren que las personas han desarrollado diferentes formas de integrar o segmentar estos dos dominios mediante la creación, administración y cruce de la frontera entre ellos. Mientras hay quienes pueden trabajar sin problema alguno con su computadora portátil en la mesa del comedor, otros pueden carecer paredes en casa lo suficientemente gruesas, físicas o metafóricas, para crear la segmentación que necesitan.

Atrapados en interminables debates sobre los beneficios de las oficinas de planta abierta, los diseñadores olvidaron considerar las implicaciones de diseño de trabajar desde casa. Generalmente, redujeron el problema a satisfacer requisitos técnicos como una conexión de Internet rápida, una aplicación de videoconferencia confiable y un buen sistema para compartir archivos. Sin embargo, éstos facilitan las tareas, no el trabajo.

Más importante aún, el lugar de trabajo (el lugar donde las personas trabajan) no deja de existir cuando las personas dejan de ir a la oficina y trabajan desde casa. Si acaso, el lugar de trabajo se multiplica.

Una suposición común es equiparar el lugar de trabajo con la oficina. Sin embargo, la oficina es un fenómeno relativamente reciente en la historia del trabajo, una especie de invención que surgió de un contexto económico, social y tecnológico complejo.[1,72] Históricamente, el trabajo se realizaba en otros lugares, entre ellos los hogares, e incluso cuando las oficinas se estaban desarrollando como lugares de trabajo había quienes preferían trabajar desde casa. Por ejemplo, dinastías bancarias en el siglo diecinueve, como Rothschild y Barings, operaban desde casas lujosas, no para ahorrarse el traslado a la oficina, sino para que sus clientes se sintieran a gusto.[73]

La pandemia de COVID-19 nos ha dado la oportunidad, si no la responsabilidad, de considerar el hogar como un lugar de trabajo una vez más.

En cuanto metí los últimos kilómetros de mi Camino virtual en el sitio web, recibí un certificado digital por correo electrónico. El certificado llegó en tres formatos: cuadrado, vertical y horizontal, para que pudiera mostrarlo en distintas redes sociales. Eran un gran esqueuomorfismo, pues comunicaban digitalmente la esencia del logro representada en los sellos en relieve escalonados en papel grueso de los certificados de antaño.

Capítulo 26
66 vueltas

Me tomó 66 vueltas de mi circuito de drenaje de aguas pluviales durante el mismo número de días completar los 774 kilómetros de El Camino en línea, un ritmo significativamente más lento que los 905 kilómetros en 42 días de mi caminata a Sídney. Sin embargo, esta vez no tuve que poner mi vida en pausa, hice mi peregrinación junto con mi rutina diaria y los quehaceres domésticos inescapables.

Marcadores de pensamientos

Un equipo de investigadores[74] dio a un grupo de buzos una lista de palabras para que las memorizaran mientras estaban en la superficie y cuando estaban bajo el agua. Los buzos recordaron más palabras cuando se les preguntó en el mismo entorno en el que las habían memorizado. Es decir, su memoria mejoró cuando se encontraban en el mismo entorno de aprendizaje, lo cual se conoce como el *efecto de restablecimiento*. He citado este efecto en discusiones acerca del lugar de trabajo,[75] sugiriendo que diseñemos entornos que ayuden a los trabajadores a recordar cosas. Esto sería particularmente benéfico para los nómadas digitales que cambian de entorno con frecuencia.

Memoria dependiente del contexto ambiental[76] es un campo de investigación fascinante con bastantes matices y complejidades que es mejor dejar a estudios dedicados al tema. Pero, leer, escribir, o incluso hablar de ello, no es tan divertido como experimentarlo, tal y como lo hice durante mis 66 vueltas.

El mejor ejemplo que se me ocurre para explicar lo que me pasó, es cuando escuchas una canción cuya letra pensabas que no recordarías, pero cuando llega el momento, las palabras te salen en el momento exacto. Investigadores en el tema se apresurarán a señalar los defectos de mi analogía, pero mientras caminaba una y otra vez alrededor de mi circuito, me sorprendía a mí mismo recordando lo que había pensado en ese mismo lugar hace unas cuantas vueltas sin siquiera intentarlo.

Mi circuito, ese desagüe de aguas pluviales, ahora sirve como un marcador de pensamientos.

Ninguna gimnasia mental podrá convencerme de que hice el Camino de Santiago. Ni los tres certificados ni las postales, o tal vez porque recibí postales, podrán persuadirme de ello. Sin embargo, también estoy seguro de que no sólo caminé: realmente hice una peregrinación.

Esta experiencia cambió mi opinión sobre las peregrinaciones en línea, y ahora me siento más tranquilo acerca de mi iguana: lo único que necesita es una oportunidad.

La intangibilidad de esta peregrinación creó Señales que se inclinan notablemente hacia el propósito, el significado y la esencia del trabajo y los lugares donde se ejerce. Estas Señales podrían parecer pertenecer más al dominio de los muchos consultores de administración y recursos humanos, pero deberían de interesar también a los diseñadores. La frase "El que sabe el por qué, puede soportar casi cualquier cómo" puede sonar demasiado existencialista para un libro sobre diseño de espacios de trabajo, y mejor dejarlo para *El hombre en busca de sentido* de Viktor Frankl,[77] pero si se ajusta un poco, su sabiduría se vuelve muy relevante: aquel que no sabe el por qué, no podría soportar ningún cómo. Si lo editamos un poco más, se convierte en nuestra última y muy relevante Señal:

34) En ausencia de trabajo, con sólo tareas por hacer, ningún lugar de trabajo será suficiente.

Habiendo aprendido a no esperar mucho del último paso en una peregrinación, no puse atención en dónde ocurrió. Lo que sí noté fue que en el último correo electrónico de los organizadores, junto con mis certificados, había una pregunta: "¿Listo para tu próximo desafío?" Luego había un enlace a otros desafíos virtuales que ofrecían.

No estaba listo, pero el desafío llegó de todos modos, y no de aquel enlace.

QUINTA PARTE
TRAZANDO CAMINOS

92

Capítulo 27
Siguiendo Señales

¡Qué aventura! Hace cinco años me habría costado trabajo creer que un vuelo de Sídney a Melbourne me llenaría la cabeza de iguanas y me introduciría a las peregrinaciones.

Describir mis peregrinajes como dos viajes de ida y vuelta a la Estación Espacial Internacional (1,679 km) cuenta la mitad de la historia. La otra mitad es mejor descrita por las Señales. Lo irónico es que después de cuestionar si realmente importa dónde trabajamos, ahora tengo 34 formas diferentes de pensar por qué eso es relevante.

Dejando a un lado el número, lo que más destaca de las Señales es lo diferentes que son entre ellas. Van desde la manera en que intercambiamos ideas hasta comentarios existencialistas. Su variedad resalta cuando se ven enlistadas lado a lado, como puedes ver en el Apéndice A: Lista de Señales.

Hay algo más acerca de estas Señales que he de confesar.

Éstas no fueron escritas retrospectivamente como pistas enigmáticas que conducen a un lugar que ya encontré. Renuncié a esa licencia literaria porque las peregrinaciones no funcionan así y quería que te unieras como un verdadero peregrino. Tengo tanta curiosidad como tú de saber a dónde conducen estas Señales.

*

Han pasado seis meses, probablemente más.

Durante ese tiempo he tratado de encontrar el lugar a dónde nos lleva la Señal 2, la que dice que el lugar de trabajo debe promover lo absurdo. ¿Cómo funciona eso? Tal vez un lugar de trabajo que promueve lo absurdo no funciona en lo absoluto.

También he tratado de llegar al destino de la Señal que promueve las adversidades para fomentar la innovación, y aquella acerca del aburrimiento como herramienta de pensamiento, y bueno... he intentado llegar a los destinos de todas las Señales. Después de seguir sus direcciones por meses, estoy en un callejón sin salida, un lugar donde termina el sendero, pero las Señales continúan apuntando hacia el horizonte.

No puedo avanzar, pero tampoco puedo dar marcha atrás. He tratado de igual manera encontrar las respuestas y olvidarme de las preguntas, pero no he tenido éxito ni en una ni en otra.

Las consecuencias de perseguir preguntas cada vez más complejas acerca de los lugares de trabajo me han alcanzado.

Eventualmente, me topé con una distinción aparentemente frívola entre senderos y caminos que resultó ser muy útil para ayudarme a salir de este predicamento: los senderos se extienden hacia atrás, los caminos se extienden hacia adelante.[78] Tal vez esta distinción es más evidente entre las palabras en inglés 'trail' (sendero) y 'path' (camino), en donde Robert Moor, autor del libro *Sobre senderos* (*On trails*)[78] nos invita a reflexionar sobre la diferencia de las consecuencias de acostarte en el *camino* de un elefante desenfrenado y aquellas de acostarse en su *sendero*.

Luego entonces, para poder llegar al destino de las Señales, necesito comenzar a trazar caminos a partir del punto en que terminan los senderos.

Capítulo 28
Bifurcación en la carretera

Los capítulos siguientes tratan de los muchos senderos que he recorrido y los caminos que he comenzado a trazar para acercarme a donde apuntan las Señales. Te invito, una vez más, a que te unas.

Sin embargo, si lo prefieres, de aquí en adelante puedes encontrar tu propio rumbo y construir tus propios caminos. En tal caso, ve directamente a la sexta parte del libro, donde nos reuniremos por última vez.

Capítulo 29
La sabiduría de los lugareños

Mientras planeaba mi caminata, tracé la ruta desde Melbourne hasta Sídney y planeé a detalle dónde y cuándo me quedaría a pasar la noche. Sin embargo, factores como el viento y la lluvia, incluso mi estado de ánimo (¿quién lo hubiera pensado?), no tenían ningún interés de adherirse a mis planes.

Pronto aprendí que era inútil planear más allá de unos cuantos días por adelantado. Con cierta frecuencia terminaba en cafés, con varios mapas abiertos sobre la mesa y mi parafernalia de caminante dispersa a mi alrededor. Era sólo cuestión de tiempo para que comenzara una conversación con otros comensales.

"Muy bien... no deberías de tener ningún problema", me decían los amigables lugareños al mostrarles mi ruta a la siguiente población. En otras ocasiones trazaban una línea en mi mapa y en un tono de alguien que comparte un secreto bien guardado, me revelaban un atajo: "Verás un sendero angosto de tierra (antes / después) de un (gran árbol / intersección). Da vuelta allí". La sabiduría de los lugareños me llevó por rutas inesperadas.

Aquel tipo de sabiduría me ayudaría mucho a llegar al destino figurativo de mis Señales. Para capturar este tipo de conocimiento, recurrí a personas que, a pesar de estar dispersas por el mundo, tienen conocimiento local en los campos del diseño, la administración y la tecnología.

Puedes conocer a los veintidós lugareños de Señales en el Apéndice B: Conoce a los lugareños.

Estas pláticas fueron increíblemente útiles, y marcaron una etapa crucial en la que por primera vez soltaba a mi iguana en su medio ambiente para que fuera desafiada y continuara evolucionando en otras "islas".

El proceso también me permitió vivir de primera mano un probable escenario futuro de interacción entre máquinas y humanos. Mientras que los algoritmos de los motores de búsqueda en los repositorios de publicaciones académicas fueron excepcionales para encontrar estudios relevantes sobre los muchos temas cubiertos por las Señales (los senderos conocidos), los humanos que entrevisté, nuestros lugareños, fueron extremadamente buenos en identificar oportunidades para trazar trayectorias: un ejemplo de las ventajas de combinar la capacidad de procesamiento y almacenamiento de una máquina con la capacidad cognitiva humana para resolver problemas difusos e inciertos.[79]

Para evitar abrumar a nuestros lugareños, elegí discutir sólo las siete Señales que consideré más representativas. Estas fueron:

- **Señal 1:** Intercambiar ideas prematuramente y con demasiada frecuencia limita su diversidad y potencial para innovar.
- **Señal 2:** El lugar de trabajo debe promover el absurdo.
- **Señal 4:** En el lugar de trabajo es mejor conservar las adversidades, incluso introducirlas, para promover la innovación.
- **Señal 6:** El aburrimiento puede convertirse en una herramienta útil de pensamiento.
- **Señal 11:** El proceso de diseño de lugares de trabajo puede interponerse en la creación de un entorno que cumpla con su propósito.
- **Señal 25:** El trabajo y las tareas son diferentes, pero están interconectados.
- **Señal 30:** La búsqueda de eficiencias podría despojar al trabajo de su significado.

Estas Señales eran tan evasivas que no sólo pedí instrucciones para llegar a su destino, sino también pregunté si era buena idea seguirlas del todo. Los lugareños me ayudaron a calibrarlas indicando la dirección que tomarían en comparación con la dirección de la Señal. Les di cuatro opciones, como se indica en la figura 30.1.

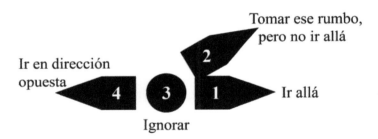

Figura 30.1 Calibración de las Señales

Si decían:
1) **Ir allá:** significaba que estaban de acuerdo con la premisa de la señal y consideraban que valía la pena continuar explorando en esa dirección.
2) **Tomar ese rumbo, pero no ir allá:** algo así como "sí, pero...", en el cual estaban de acuerdo, pero tenían una objeción que resultaba en un destino diferente.
3) **Ignorar:** la premisa detrás de la Señal es irrelevante o debe plantearse de otra manera.
4) **Ir en dirección opuesta:** implicaba un desacuerdo con la premisa y una sugerencia para ir en la dirección opuesta.

Capítulo 30
¡Vamos!

En resumidas cuentas, las calibraciones nos dicen que continuemos siguiendo las Señales, los detalles de estas calibraciones se pueden encontrar en el Apéndice C: Calibración de señales.

Pero antes de encaminarnos, le pedí a nuestros lugareños que recalibraran las mismas Señales, esta vez de acuerdo con lo que ellos creían que era el punto de vista establecido. Es decir, no en base a la dirección que ellos tomarían, sino en base a la dirección que tomaría la industria o sector en el que ellos operan.

Si seguimos la calibración del punto de vista establecido, es más probable que nos encaminemos en la dirección opuesta a la de las Señales o que no hagamos nada en lo absoluto.

La figura 31.1 muestra el contraste entre estos dos resultados, dependiendo si el punto de vista es personal o establecido. El área de las figuras geométricas es proporcional a los porcentajes de respuestas.

Figura 31.1 Calibración de las siete Señales por los 22 lugareños. Punto de vista establecido (izquierda), punto de vista personal (derecha).

Este resultado ilustra la tensión entre el punto de vista establecido y el personal, así como el 'empuje y tirón' que experimenté durante meses y meses, en el que las Señales me atraían simultáneamente a su destino y a la dirección opuesta.

Ethan me advirtió: "El punto de vista establecido es complicado, porque como sabes, los académicos nunca se ponen de acuerdo". Ethan no es su nombre real, les di un seudónimo a todos nuestros lugareños, pero lo que me estaba diciendo era que el punto de vista establecido no implica un consenso en la academia ni en la industria. Como dijo Brooke: "el punto de vista establecido realmente depende del tipo de cliente".

Aun así, y tomándolo con una pizca de sal, este punto de vista sigue siendo importante porque refleja las formas en que las organizaciones han superado los desafíos en el pasado. Al mismo tiempo, es importante saber hasta qué punto las circunstancias y suposiciones detrás de esta postura siguen siendo relevantes o se han establecido sólo por costumbre.

A lo largo de la caminata recibí consejos de muy pocos lugareños y aún así llegué a Sídney, pero algunos podrían cuestionar si un grupo de veintidós personas (el número de expertos que entrevisté) es suficiente para tener significancia estadística. Y tendrían razón en cuestionarlo, ya que no la tiene. Para ello tendría que ser capaz de demostrar que si el estudio se repite (hipotéticamente) cien veces, produciría el mismo resultado al menos 95 veces, para lo cual se requiere una muestra más grande y una técnica de muestreo diferente.

Sin embargo, eso no significa que las calibraciones sean incorrectas, ni mucho menos que no se puedan usar. Hablar con un grupo pequeño nos permite analizar las razones detrás de las calibraciones con mayor detalle. Más aún, incluso con el número adecuado de personas para el análisis estadístico, las calibraciones no probarían ni refutarían las señales. Para ello son necesarios otros métodos.

Capítulo 31
Tu peregrinación de sillón

"Quiero cambiar mi respuesta sobre el aburrimiento, creo
que deberías seguir esa Señal. Te aseguro que lo estaré
procesando obsesivamente durante algún tiempo".

Tal era el mensaje que me mandó Nora, otra lugareña que entrevisté,
para hacerme saber que había cambiado de opinión. Nora no caminó a Sídney
conmigo y aún así experimentó efectos similares con las Señales. Recibí
mensajes de otros que también se embarcaron en mini peregrinaciones
siguiendo las Señales en sus propias mentes.

Cualquier duda que me quedaba de si uno podía desacoplar una
peregrinación de su caminata se desvaneció. Pero si aun no estás convencido,
no me creas a mí, si no al reverendo Robert Willis, decano de la Catedral de
Canterbury, que algo sabe sobre las peregrinaciones:

"Podrías viajar por todo el mundo a pie y no ser un
peregrino porque tu corazón y tu mente no están abiertos
a las ideas... y tal vez no has tenido conversaciones que te
sorprenderán... con las personas más extrañas. Por otro
lado, podrías estar... en casa y ser un peregrino en el
corazón y en la mente... Por lo tanto, [una peregrinación]
no se trata de movimiento físico, aunque ese sea su
ícono".[80]

El que hayas leído hasta aquí y reflexionado acerca de las
conversaciones que tuve con "personas extrañas" en el camino, te habrá
preparado para abrir tu mente y unirte a seguir las Señales como un peregrino.
En caso de duda, recuerda que mientras un turista está interesado en las
atracciones turísticas, el peregrino está interesado en atraer reflexiones.[80]

102

Capítulo 32
Lo salvaje, los carnavales y las tonterías

Comencemos nuestra peregrinación siguiendo una de las Señales más importantes: el lugar de trabajo debe promover lo absurdo. La Señal 2 surgió de la idea de que nuestra capacidad de ser absurdos nos da una ventaja competitiva en el futuro del trabajo por encima de la lógica de las computadoras. Por ello, debemos de nutrir lo absurdo en los lugares donde trabajamos, como indica la Señal 3.

Pero la relación arraigada entre la racionalidad y el lugar de trabajo no puede subestimarse, por lo que debemos seguirla con precaución. A pesar de mis preocupaciones, las calibraciones cuentan una historia diferente. Casi todos nuestros lugareños querían, por lo menos, tomar ese rumbo, y la mayoría estaban dispuestos a ir exactamente allí, como lo muestra el diagrama de la derecha en la figura 33.1.

A la luz de lo que ahora sabes acerca de estas calibraciones, los porcentajes son innecesarios, simplemente fíjate en el tamaño de las figuras geométricas. Puedes tomar cualquier dificultad en distinguir pequeñas diferencias entre ellas como una representación gráfica del margen de error.

Figura 33.1 Calibración de la Señal 2 – lo absurdo. Punto de vista establecido (izquierda), punto de vista personal (derecha).

También me sorprendió que la mayoría de las calibraciones en la perspectiva establecida, apuntan hacia el rumbo de la señal.

"Lo absurdo puede existir en los lugares de trabajo", dijo Brooke, y procedió a explicar la variedad de espacios, como los "laboratorios de innovación" y demás entornos creativos donde podría existir lo absurdo en los lugares de trabajo. Sin embargo, rápidamente se hizo evidente que el consenso con esta Señal estaba relacionado con la asociación entre lo absurdo y la creatividad. Brooke continuó:

"No creo que lo absurdo sea algo predominante, ¿sabes?,
algo que se apodere de todo el lugar de trabajo. El
problema es cómo podemos seguir obteniendo el
beneficio de esa experiencia cuando la gente abandona el
espacio [de lo absurdo]".

Ahí termina ese sendero y comienzan las preguntas. ¿Se puede contener
lo absurdo detrás de puertas, en un cuarto? ¿Y qué hay de los aspectos de lo
absurdo que van más allá de ser un trampolín hacia la creatividad? Claire dijo:

"Lo absurdo es grande y poderoso, tiene algo muy puro,
y tal vez no sea posible que el lugar de trabajo lo pueda
promover. Acaso sea mejor ignorarlo y no hacer de lo
absurdo un destino. Al final de cuentas, encontrará su
camino. Es la razón la que crea lo absurdo".

"Es la razón la que crea lo absurdo"... , mantén eso en mente.
En su artículo *El problema con lo salvaje* (*The trouble with wilderness*), [81]
William Cronon, profesor de historia, geografía y estudios ambientales,
propone una idea interesante: lo salvaje es producto de la civilización. En
otras palabras, no fue hasta que desarrollamos la civilización que
posicionamos la naturaleza como salvaje. Cronon atribuye gran parte de
nuestra relación disfuncional con la naturaleza a esta idea.
Nuestra relación disfuncional con lo absurdo podría provenir, de igual
manera, de concebirlo como un subproducto de la razón. Sin embargo,
nuestra Señal es un poco más complicada que la dicotomía salvaje-
civilización, porque no podemos explorar el mundo del absurdo tan
fácilmente como subirnos a un automóvil y adentrarnos en lo salvaje.
O eso pensé. Nuestro lugareño Gavin me puso en un camino hacia lo
salvaje.

"Échale un vistazo a los carnavales. Los carnavales son
instantes breves en los que se permite que la gente sea
absurda. Ya sabes, cuando en la época medieval el rey se
disfrazaba de campesino y el campesino se disfrazaba de
rey y los papeles se invertían. Pero es sólo por un día, más
o menos, una vez al año, que se puede alterar el equilibrio
natural".

Gavin estaba hablando del *Mundo carnavalesco*,[82] descrito por el crítico
lingüístico y literario ruso Mikhail Bakhtin. Gavin continuó:

"Pero más que anarquía o una válvula de escape para
liberar las tensiones sociales, los carnavales tienen
potencial de crear nuevas relaciones".

Antes de darme cuenta, ya estaba inmerso en los senderos del carnaval,
un mundo absurdo que no sólo está exento de jerarquía y normalidad, sino
que no puede ser contemplado, sino vivido, mientras las leyes de "lo inverso
del mundo" estén en vigor.[83]

Entonces me di cuenta de que ya había visto una versión similar de lo
absurdo en los lugares de trabajo, pero no dentro de cuartos coloridos con
sillas modernas y un sinfín de notas adhesivas en las paredes. No, no la había
visto ahí, si no al final de la semana laboral cuando las jerarquías se aplanan
temporalmente, y no por los empleados poniéndose máscaras como en los
carnavales, sino por quitárselas y convivir como personas durante la
socialización que ocurre en algunas compañías en dónde se comparten
bebidas los viernes después del trabajo.

Los senderos de lo salvaje y los carnavales revelaron la complejidad de
lo absurdo que se encuentra detrás de la Señal 2, así como la que crea un
nuevo significado y propósito en la Señal 13, y también la Señal 14 (ver la
normalidad a través de lo absurdo puede mostrar lo absurdo como normal) y
la 15 (la normalidad puede ser producto de lo no cuestionado).

En este absurdo no tenemos más remedio que ver el mundo de manera
diferente, aunque sea un rato. Y mientras exploraba estos senderos, me
encontré con un estudio que destaca un tipo de entorno que "activa una
mentalidad diferente" y nos hace "buscar novedad y rutas no
convencionales".[84] Este entorno tan maravilloso es un entorno desordenado.

Según dicho estudio, los entornos desordenados pueden ayudar a las
personas a "romper con la tradición, el orden y la convención". Sin embargo,
para que esto suceda los investigadores desaconsejan seguir tendencias de
diseño minimalista y evitar que los empleados compartan escritorios
(*hotdesking*) ya que esto puede reducir las oportunidades de crear un entorno
desordenado.

Me preguntaba si las exploraciones de lo absurdo en movimientos
arquitectónicos como el posmodernismo (ver las tiendas BEST diseñadas por
SITE en los Estados Unidos durante los años 70)[85], o incluso el
deconstructivismo podrían producir los mismos resultados que un escritorio o
una oficina desordenada. No pude encontrar evidencia de eso, pero según
Gavin:

"Estos diseños son sólo expresiones de lo absurdo, y al
final de cuentas los pocos edificios de este tipo que
realmente se construyen en realidad funcionan tan
tradicionalmente como aquellos cuadrados como cajas".

Luego vino mi plática con Miles, que con la convicción de aquellos que trazaron líneas en mi mapa a Sídney, dijo:

"Échale un vistazo a *La tecnología de la tontería* (*The Technology of Foolishness*) de James March. ¡March era un genio!"

Con ese título y tal recomendación, ¿cómo no le iba a echar un ojo? *La tecnología de la tontería*[86] es un ensayo fascinante que especula sobre las formas en que podemos escapar de la lógica de nuestra razón. Una de ellas es el juego, el cual March define como la "relajación deliberada y temporal de las reglas para explorar las posibilidades de reglas alternativas".

Además de genio, March fue muy valiente. Se atrevió a defender conceptos tabúes como la coerción y la hipocresía en las organizaciones y la sociedad. March interpreta la hipocresía como la inconsistencia entre los valores expresados y el comportamiento en donde, "un hombre malo con buenas intenciones puede ser un hombre que experimenta con la posibilidad de convertirse en bueno". Ahora considero a una organización que no está a la altura de sus valores como una que experimenta con la posibilidad de ser mejor.

March incluso encontró una manera en la que podemos actuar dentro del sistema de la razón y aun así hacer tonterías. Es increíblemente simple y tú también puedes intentarlo: olvida cosas. En *La tecnología de la tontería*, la memoria es un enemigo.

March publicó su tecnología a principios de los años setenta, y yo no podía esperar para saber qué innovaciones u organizaciones había creado desde entonces. Me sentí afortunado de encontrar un artículo titulado: "¿Qué pasó con 'La tecnología de la tontería'?",[87] pero rápidamente me decepcioné al leer que, si bien las ideas de March han sido elogiadas, no han sido muy utilizadas o se han aplicado de manera superficial y ritualista, los conceptos clave diluidos. Para ser justos, su tecnología está lejos de ser 'enchufar y usar' y por mucho que invita a la reflexión, no da consejos sobre cómo dicha tecnología se puede instalar en las organizaciones.

Continuando por esos senderos, eventualmente nos topamos con *La administración de lo absurdo*, de Richard Farson[88] En su libro, Farson se apresura a diferenciar lo absurdo de la estupidez (un sinónimo de tontería), pero en vez de buscar pelea con las ideas de March, creo que es la forma en que Farson hace las paces con nuestra relación disfuncional con lo absurdo. Farson se enfoca en las paradojas, otra capa más de lo absurdo. Un ejemplo de éstas es "cuanto mejor es una situación, peor se siente", la cual tiene una similitud sorprendente con nuestra Señal 4 acerca de las adversidades.

Continuando por este sendero, vemos un interés creciente por el papel de las paradojas en la administración. En el libro apropiadamente titulado *Administración de paradojas*[89] aprendemos sobre la estrecha relación entre la forma en la que las organizaciones responden a las paradojas y el valor que éstas crean: mejor administración de las paradojas resulta en mejores organizaciones. Una vez más, esta versión de lo absurdo parece diferente a la anterior: es más frecuente, persistente e inevitable que la del mundo alterado, en el que sólo podemos aventurarnos temporalmente.

Si desde donde nos encontramos ahora, sacamos un par de binoculares y los apuntamos hacia atrás, veríamos los senderos del absurdismo. Allí la vida es absurda, no en sí misma, sino en nuestros intentos de encontrarle sentido. Pero no iremos tan atrás. Aquellos interesados en una caminata fascinante podrán leer *El mito de Sísifo*,[90] de Albert Camus.

Aquí tomamos una desviación y nos aventuramos por el último sendero de esta señal: el dadaísmo, un movimiento artístico que rechazaba la lógica y la razón en favor de la irracionalidad y el sinsentido. Un ejemplo es *Los entornos en constante flujo,*[91] de Kurt Schwitters, en los cuales un día aparecía una columna de escombros y al siguiente una gruta. Esto es lo más cercano que el dadaísmo llegó a la arquitectura, pero no existe una arquitectura dadaísta como tal, ¿cómo se puede construir sobre lo absurdo?

Propongo un pequeño ejercicio: recorta las palabras de un periódico (o cualquier otro texto), ponlas en un sombrero y agítalas, luego saca las palabras una por una y escríbelas en el orden en que salieron.

¡Voilà! Eres "un escritor, infinitamente original y dotado de una sensibilidad que es encantadora, aunque va más allá de la comprensión del vulgar",[92] dice Tristan Tzara, quien ideó este método para crear poemas dadaístas.

Es un método tan simple y elegante de crear significado nuevo a través de lo absurdo que traté muy tenazmente de usarlo como un medio para infundir lo absurdo en este libro. Pero no pude.

Con excepción de la rara ocasión en que las palabras salen en el mismo orden que el texto original, el resultado de los poemas dadaístas está más allá de la comprensión de cualquiera, vulgar o no. Renunciar a mi estilo de escritura fue más fácil que enfrentar la posibilidad de que la Señal 2, el hito de mi peregrinación, no nos llevara a ninguna parte. Pero luego Miles, el mismo lugareño que me introdujo a *La tecnología de la tontería*, dijo:

"La innovación es un objetivo importante de las organizaciones, pero yo no promovería lo absurdo en el 90% de las tareas que realizan".

Inmediatamente reconocí la importancia de la brevedad de lo absurdo. Miles continuó.

"Las organizaciones necesitan ausencia de absurdidad para hacer lo que hacen, para completar las tareas. No hay lugar para lo absurdo cuando nos referimos a la coordinación".

¡Voilà!

A Tzara no le importaba la coordinación y a la subjetividad del arte rara vez le importa, pero una organización donde nadie se entiende entre sí no llegará muy lejos. La exploración temporal de lo absurdo debe ser seguida por un esfuerzo mucho más largo de coordinación racional exenta de tonterías.

Me preguntaba, si yo fuera una organización, ¿qué porcentaje de tiempo había pasado explorando lo absurdo? El resultado: 7% (42 días) de lo absurdo caminando a Sídney y 93% tratando de coordinar lo absurdo lo mejor posible a través de lectura, hablando con otros y escribiendo este libro lo más claramente posible.

Entre el 7% y el 93%: una lengua perdida

En *Locura y civilización*,[93] el filósofo francés Michel Foucault reflexiona sobre la naturaleza cambiante de la locura y las diferentes formas en que la civilización la ha tratado a través del tiempo.

En el Renacimiento, los locos eran parte de la sociedad y podían interactuar intelectualmente con personas razonables, ya que ellos poseían "conocimiento de los límites del mundo". Sin embargo, eso cambiaría en lo que Foucault se refiere como la Era Moderna (siglo dieciocho) cuando "el hombre moderno ya no se comunica con el loco... No hay un lenguaje común, o mejor dicho, ya no existe".

Me pregunto si *La tecnología de la tontería*, *La administración de lo absurdo* y *La administración de las paradojas* pretenden restablecer aquel lenguaje común perdido que se encuentra entre el siete por ciento del tiempo explorando los límites del mundo y el noventa y tres por ciento del tiempo necesario para llegar allí.

Pero los porcentajes no implican importancia, por lo que, ya sea a través de bebidas los viernes por la tarde en la oficina, olvidando cosas o creando desorden, el lugar de trabajo debería fomentar oportunidades para aventurarnos brevemente en una forma diferente de ver el mundo. Allí existe la oportunidad de pasar de innovaciones basadas en la lógica que conducen a hacer las mismas cosas que hacemos actualmente pero más barato y rápido, a innovaciones que ofrecen futuros inimaginables.

Una vez que hemos tenido la oportunidad de ver lo absurdo, el entorno debe promover la coordinación y aprovechar al máximo las paradojas inevitables para llegar a mejores futuros.

Capítulo 33
El arte del momento y el balance

"En cuanto pides dos opiniones sobre algo nuevo e
interesante que estás haciendo, terminará como una
versión diluida".

Eso fue lo que me dijo Ron al calibrar la Señal 1: Intercambiar ideas
prematuramente y con demasiada frecuencia limita su diversidad y potencial
para innovar.

Con Ethan hablé sobre los diversos procesos sociales a los que una idea,
y la persona a la que se le ocurre, están expuestos al instante en que se
comparte:

"La gente probablemente te dirá que es una buena idea,
pero te cuestionarán sí has pensado en las dificultades, o
te harán saber que otros lo han intentado y han
fracasado".

La capacidad de olvidar de March podría ser una respuesta práctica al
último punto. Ethan agregó: "al principio, las ideas son muy vulnerables y
pueden morir fácilmente".

Henry vio las cosas de manera diferente. Para él, las experiencias de los
demás "estiran tu imaginación", y por ello es benéfico intercambiar ideas lo
antes posible y con frecuencia.

Luego Claire me dijo que no se trata de qué tan pronto o con qué
frecuencia compartimos ideas, sino de con quién las compartimos: "la
confianza en la relación es lo que predetermina el futuro de la idea". Sin
embargo, más tarde reflexionó que, si bien la confianza podría permitir que la
idea se desarrolle, la confianza en sí no aumenta la originalidad de la idea ni
contribuye a mantenerla.

Para Frank, el tipo de 'lazo' en la relación es lo que contribuye a la
novedad de una idea. Cuando interactúas con alguien con mucha frecuencia,
se desarrolla lo que se conoce en los estudios de redes sociales como un "lazo
fuerte". Frank elaboró:

> "En un lazo fuerte, lo que tú sabes y lo que sabe la otra
> persona se superpone mucho, y es muy probable que
> compartan una visión similar del mundo; pero las
> personas que están lejos en tu red social, aquellas con las
> que no interactúas mucho (lazos débiles) tienen menos
> probabilidad de saber lo que tú sabes y más
> probabilidades de saber cosas que tú no sabes".

Un ejemplo intrigante de cómo la interacción entre lazos débiles puede promover la innovación surgió durante mi plática con Kevin, cuando discutimos los hallazgos de un profesor de economía que descubrió que durante la era de prohibición de alcohol en Estados Unidos hubo entre un ocho y un dieciocho por ciento menos de patentes en los condados que estaban bajo dicha ley.[94] Menos interacción informal en los bares resultó en menos patentes.

El investigador recalcó que, a medida que las personas reconstruían sus redes se conectaban con diferentes individuos, lo cual conducía a nuevas patentes en diferentes áreas. El estudio concluyó que "si bien la prohibición tuvo un efecto temporal en la tasa de invención, tuvo un efecto duradero en la dirección de la actividad inventiva".[94] Innovación creada a través de lazos débiles.

Luego, Miles me dijo que estaba de acuerdo con la parte de la Señal que dice "prematuramente, y con demasiada frecuencia" y respaldó su comentario con un estudio[95] que encontró una disminución en la calidad de las soluciones en grupo. Dicho estudio sugiere que las organizaciones:

> "... deben rediseñarse para aislar intermitentemente a las
> personas del trabajo de los demás con el fin de obtener el
> mejor desempeño colectivo en la resolución de problemas
> complejos".

Esa conclusión es tan, pero tan cercana a nuestra Señal 1 que tuve la tentación de declarar que habíamos llegado a su destino. Sin embargo, Miles continuó: "sobreestimamos el valor de una idea novedosa en comparación con una idea altamente efectiva". La innovación, argumentó, puede beneficiarse más de una idea integrada que de una diversa.

> "Si consideramos a la innovación como la creación de un
> producto exitoso en el mercado, la novedad de la idea por
> sí sola no es suficiente".

Escuché algo muy similar de aquellos lugareños encargados de ejecutar ideas, lo que Quinn llamó "el enfoque empresarial de las ideas", dónde el valor de éstas debe identificarse casi de inmediato, seguido por el desarrollo de un plan de negocios: una tarea monumental que requiere interacciones tempranas, rápidas y frecuentes.

Con Alice hablé sobre la técnica de 'lluvia de ideas', conocida en inglés como *brainstorming*. Si bien desde mi punto de vista nos lleva en la dirección contraria a esta señal, Alice identificó al "tiempo" como un ingrediente clave para llegar a una buena idea.

> "En brainstroming se comienza con ideas comunes y 'malas', pero con el tiempo, este tipo de ideas se acaban y el grupo comienza a construir nuevas y mejores ideas", dijo, y luego recalcó que el tiempo es un ingrediente compartido en brainstorming y en mi peregrinación.

Para Uriel no se trataba de lo que ya he discutido, sino de lo que compartimos: la idea en sí. Ni una sola parte de esta señal se salvó. Para Uriel:

> "El problema es que compartimos ideas que no provienen de un punto de diversidad. Tendemos a compartir ideas que no van lo suficientemente lejos".

Luego Julia, una extrovertida confesa, me dijo:

> "Mis mejores ideas provienen de hablar con otras personas y les comparto mis ideas lo más rápido posible. Así soy yo y no me he detenido a pensar si eso ayuda o perjudica [a la calidad de la idea]".

Y esto es tan sólo un breve resumen de varios puntos de vista de la mitad de los lugareños que entrevisté. Es posible que reconozcas algunos aspectos de cómo abordas tus propias ideas y las de los demás, o puede que tengas una opinión diferente de cómo abordar la Señal 1. Las incontables formas de acercarse a esta Señal se reflejaron en su calibración. El punto de vista personal (derecha) tiene el mayor número de "sí, pero..." de todas las señales que discutimos, como puede verse en la figura 34.1.

Y como nadie pensó que era algo que deberíamos ignorar, no hay círculo.

Por otro lado, el punto de vista establecido es muy diferente e igualmente importante de entender. Claire resumió muy bien está marcada diferencia.

"La creencia común es que la colaboración es buena para la innovación. Cuanto antes y con más frecuencia intercambies ideas, mejor".

Figura 34.1 Calibración de la Señal 1 – intercambio de ideas. Punto de vista establecido (izquierda), punto de vista personal (derecha).

De hecho, muchas actividades humanas, desde equipos y organizaciones hasta multitudes y democracias, se basan en la resolución colectiva de problemas.[95] Con este fin, los diseñadores de lugares de trabajo se esfuerzan en crear entornos que unan a las personas. Por eso no debe sorprendernos que ningún otro tema en el diseño de los lugares de trabajo haya recibido más atención que el papel de las paredes para conectar (o aislar) a los trabajadores,[96] con los apasionados debates acerca de entornos de planta abierta contra cerrada.

Tan apasionados como esos debates son aquellos que intentan establecer la cantidad óptima de interacción. Expertos en el tema[97, 98] nos advierten de efectos secundarios indeseables que la colaboración desenfrenada puede crear en el flujo de trabajo en las organizaciones. Un ejemplo de esto es la "ciudadanía incrementada" (*escalating citizenship*), en la cual los colaboradores se convierten en cuellos de botella institucionales, ya que el trabajo no progresa hasta que hayan dado su opinión.

Otros, como el psicólogo ocupacional Adrian Furnham, argumentan que:

"Los estudios muestran inequívocamente que los grupos de brainstorming producen menos ideas y de menor calidad que el mismo número de individuos trabajando solos".[99]

En su libro *Silencio: El poder de los introvertidos en un mundo que no puede dejar de hablar*,[100] Susan Cain arma una discusión muy amplia sobre las deficiencias del pensamiento colectivo y podría tener parte de la respuesta cuando argumenta que la atadura social (*social glue*), y no la creatividad, es el principal beneficio de la interacción grupal.

Silencio fue un libro muy influyente, y dio voz a los introvertidos en el lugar de trabajo (un entorno que favorece a los extrovertidos). Un fabricante global de muebles no perdió tiempo en desarrollar una gama de soluciones llamada, sorprendentemente… los *Espacios de silencio de Susan Cain*.[101] Esta gama de entornos personales con particiones de vidrio esmerilado y aislamiento acústico es una manera práctica y estética de apoyar la introspección y la Señal 1.

Pero aquí llegamos a una intersección con otras señales, incluida la quinta: El estar solo debe estar dentro de las condiciones ideales de sus efectos sobre nosotros (solitud) y la calidad de la idea misma. En un momento dado, las ideas se benefician de ser compartidas y coordinadas, lo cual nos lleva a través de senderos que por ahora no seguiremos. En el Capítulo 35, "Todos los caminos conducen a Roma", explicaré porque no es necesario seguir todas las Señales.

Capítulo 34
Los senderos y territorios de la adversidad

> "Lo bueno que emerge de la prosperidad debe de ser deseado; pero lo bueno que emerge de la adversidad debe ser admirado".
>
> Francis Bacon sobre Séneca[102]

La Señal 4 es particularmente intrigante. Nos dice que para promover la innovación es bueno mantener adversidades, incluso introducirlas, en el lugar de trabajo. Esta Señal apunta en la dirección opuesta a la forma en que el diseño trata la adversidad y David lo resumió muy bien:

> "La arquitectura tiene un gen de optimismo y utopía; usamos la arquitectura para 'mostrar lo mejor'".

Esta *mejor versión del mundo* que la arquitectura anhela mostrar tiene mucho que ver con eliminar lo malo, incluida la adversidad. Es por ello que incluso si la adversidad fomenta la sabiduría e innovación, el diseño podría estar tan predispuesto a evitarla como nosotros mismos. Luego Frank me recordó por qué es importante seguir la Señal 4:

> "Cuando lees historias de personas que trabajaron para Steve Jobs, suena muy parecido a lo que llamaste 'diversión tipo 2': fue difícil en su momento, pero lo recuerdan con satisfacción y orgullo. Y me pregunto si a lo mejor nos centramos demasiado en la diversión del tipo 1 en el lugar de trabajo: queremos comida gratis y sillones de masaje que nos hacen felices a corto plazo, pero que tal vez no conducen a una satisfacción duradera. Quizás el mejor tipo de trabajo es aquel que se asemeja a una peregrinación".

Esta señal fue la más controversial de las siete que discutí con nuestros lugareños. Aún así, la mayoría estuvo de acuerdo en que las adversidades existentes, las que vienen con el entorno, tienen poco que ofrecer y es mejor eliminarlas. Esto se ve reflejado en las calibraciones, en las cuales nuestros lugareños calibraron por separado el mantener las adversidades y el introducir nuevas, como muestra la figura 35.1. Fíjate en la flecha más grande de "ir allí" en la adversidad introducida (abajo, a la derecha).

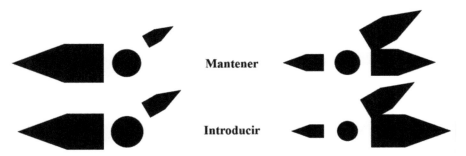

Figura 35.1 Calibración de Señal 4 – adversidad. Vista establecida (izquierda), vista personal (derecha). Mantener la adversidad (arriba), e introducirla (abajo).

A pesar de todo, al combinar las adversidades introducidas y mantenidas, los lugareños consideraron que deberíamos "ir allí", así que vayamos.

Esta Señal cubre una gran variedad de dominios de conocimiento que hace muy fácil perderse. Afortunadamente, y a pesar de que el conocimiento es invisible, éste se puede mapear,[103, 104] y para evitar perdernos he preparado un mapa de conocimiento de los territorios por los que pasaremos en la figura 35.2. He de aclarar que este mapa no pretende ser exhaustivo, de serlo nos confundiría aún más. Es una versión simplificada y estilizada basada en dos bases de datos de artículos académicos (*Web of Science*[105] y *Google Scholar*[106]) y una herramienta en línea llamada *Mapas de conocimiento abiertos* (*Open Knowledge Maps*)[107].

Nuestro mapa se centra en dos entornos en los cuales ocurre la adversidad en las organizaciones: intangible y tangible, representados en los territorios occidentales y orientales, respectivamente.

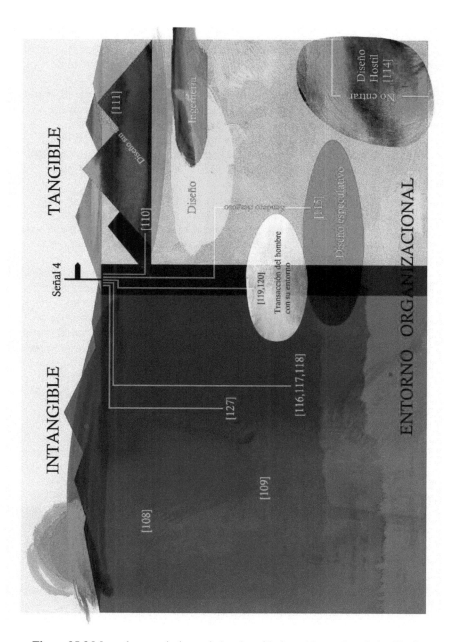

Figura 35.2 Mapa de conocimiento de la adversidad en el lugar de trabajo. El número entre paréntesis indica la referencia. Rotar página.

En el territorio occidental, la adversidad viaja a través de la cultura organizacional y otros entornos intangibles. Por ejemplo, romper el acuerdo implícito entre las obligaciones que el empleador tiene hacia sus empleados (contrato psicológico) se considera una fuente de adversidad.[108] Los investigadores encontraron que el humor es una buena manera de lidiar con este tipo de adversidad. En general, la adversidad que ocurre en entornos intangibles se maneja principalmente a través de la resiliencia.

En el este, la adversidad ocurre en parámetros tangibles del entorno físico de los lugares de trabajo, como la temperatura y la iluminación. Este tipo de adversidad es superada a través de lo que se considera "un buen diseño".

Si te fijas bien, te darás cuenta de que el territorio intangible es más grande que el tangible. Esto se debe a que las disciplinas que estudian este entorno, como la administración, parecen ser más curiosas sobre la adversidad que sus contrapartes que estudian entornos tangibles, como el diseño y la ingeniería.

Un ejemplo del territorio intangible es el artículo *Prediciendo la creatividad científica: el papel de la adversidad, la colaboración y las estrategias de trabajo,*[109] en el cual los investigadores posicionan la adversidad que enfrentan los científicos a un lado de la colaboración, la obsesión contemporánea de las organizaciones. Aunque dicho estudio no encontró que la adversidad sea un predictor de la creatividad científica, los investigadores hicieron la pregunta. Estas preguntas son mucho más raras en entornos tangibles.

En cuanto al diseño del lugar de trabajo, la adversidad casi siempre se entiende como falta de comodidad. Aun así, se pueden encontrar algunos estudios marginales que reportan un incremento en productividad en condiciones incómodas, por ejemplo cuando hace frío.[110] Sin embargo, la conclusión abrumadora de este territorio es que la adversidad, o mejor dicho la falta de comodidad, en el lugar de trabajo es indeseable y debe eliminarse. La medida en que esto sucede es un indicador de la calidad del diseño.

Como se ve en nuestro mapa, hay varios "picos de calidad" que se pueden escalar mediante una combinación de senderos de diseño y de ingeniería. Exploremos uno de estos picos, el diseño sin fricción.

En *El diseño de las cosas cotidianas,*[111] Don Norman, científico cognitivo e ingeniero de usabilidad, argumenta convincentemente en favor del uso del diseño para guiar al usuario a través de la función de un objeto sin esfuerzo, desde estufas hasta sitios web. Muy pronto, estos principios dieron pie a lugares de trabajo sin fricción (*frictionless workplace*):[112] "Un lugar de trabajo donde las tareas, procedimientos y estructuras están libres de esfuerzo innecesario, y estrés indebido... Lograr un lugar de trabajo sin fricción es el pináculo de una gran experiencia para los empleados".[113]

En este contexto, me pareció extraordinario encontrar diseñadores entre nuestros lugareños que no sólo consideraron que hay valor en la adversidad, sino que, como Isabel, me dijeron:

"[La Señal 4] es la número uno para mí. Tengo una
opinión fuerte acerca del uso de fricción intencional".

Pero incluso si estamos de acuerdo, ¿cómo podemos usar el diseño para
beneficiarnos de la adversidad?

En el valle al sureste de los picos de nuestro mapa de conocimiento,
encontramos un tipo de diseño que pone en práctica la adversidad y la falta de
confort. Apropiadamente se llama "diseño hostil" y es posible que estés más
familiarizado con este tipo de diseño de lo que te imaginas. Un ejemplo es el
reposabrazos central en las bancas de los parques para evitar que las personas
sin hogar se acuesten en ellas.

El propósito del diseño hostil es restringir el comportamiento y excluir a
ciertas personas en particular,[114] no innovar. Los lugareños me hicieron saber
que la adversidad nunca debería de ser usada para excluir. Olivia fue
particularmente clara:

"Definitivamente estoy de acuerdo con [el uso de la
adversidad], es sólo una cuestión de qué tipo. Si me dices,
bueno, vamos a hacer más difícil que las mujeres sean
promovidas en su trabajo, ¡entonces no!"

Sin otra forma práctica en la que el diseño empleé la adversidad, nos
queda una última región en este territorio: el diseño especulativo. Un buen
ejemplo es el diseño negro, o *design noir*,[115] que explora el papel del peligro, la
aventura y la transgresión en entornos fabricados. Estas propuestas artísticas
son valiosas en su capacidad de provocar diálogo y reflexiones, pero son
arriesgadas porque no está claro cómo pueden ayudar a las organizaciones en
la manera en que la Señal 4 sugiere. Si bien pueden producir una decoración
que transmita el concepto de la adversidad, tal ornato podría ser olvidado en
la próxima renovación de la oficina porque no cumplió con su propósito.

Mientras vagaba sin rumbo por los senderos especulativos, Ethan me
dijo:

"Si [los empleados] tienen menos recursos, no los
desperdician. Piensan más, se vuelven más ingeniosos.
Tener recursos limitados podría ser algo bueno para la
innovación. Échale un ojo a los estudios sobre la 'holgura
organizacional' (*Organisational Slack*)".

El sendero de holgura organizacional se convirtió en camino hacia la
Señal 4. De las muchas definiciones que tiene, usaremos la de "los recursos

disponibles en una organización que exceden el mínimo necesario para producir un nivel dado de producción".[116]

Las primeras hipótesis sobre la holgura organizacional eran que las organizaciones con un exceso de tiempo, personas y dinero estaban mejor posicionadas para innovar.[117] Sin embargo, estudios posteriores[118] mostraron que las organizaciones que sufren de falta de recursos tienen niveles más altos de innovación y que demasiada holgura puede ser contraproducente. La hipótesis más reciente es que "la falta de holgura deja a la organización muy inflexible, mientras que demasiada holgura resulta en ineficiencias que aceleran la terminación de las organizaciones".[116]

Es posible que ya hayas empezado a hacer algunas conexiones, pero necesitaremos más piezas para comenzar a construir nuestro camino. Una de estas piezas proviene de la noción de "presión ambiental", que a su vez proviene de una teoría más amplia conocida como *Transacción del hombre con su entorno*.[119] Es muy fácil perderse en ese sendero, por lo que sólo echaremos un breve vistazo.

Una presión ambiental se basa en el papel crucial que juega la adaptación al medio ambiente. Si la presión ambiental está por encima de la habilidad de adaptación de la persona, no es una buena, pero muy poca presión tampoco es bueno.

Tanto la presión ambiental como la holgura organizacional abogan por entornos, tangibles e intangibles, que sean suficientemente desafiantes.

La teoría de *Transacción del hombre con su entorno* nos dice que generalmente estamos en un nivel de adaptación con respecto a nuestro entorno, y por ello filtramos la cognición de nuestro entorno físico. Pero al alterar deliberadamente nuestro entorno, podríamos reavivar el proceso de adaptación.[120] En palabras del arquitecto Peter Eisenman: "La arquitectura que recordamos es aquella que nunca nos consuela ni nos conforta".[121]

Desde donde estamos ahora, podemos ver a la distancia el tenue sendero del *enriquecimiento ambiental*, que estimula el cerebro enriqueciendo los entornos cognitivos y físicos con problemas y obstáculos.[122] En otras palabras, se trata de crear un entorno intencionalmente más difícil para una mejor calidad de vida. Sin embargo, el enriquecimiento ambiental se enfoca en primates no humanos y otros animales en cautiverio. Por eso no está en nuestro mapa y no pasaremos tiempo en ese sendero.

En su lugar, daremos un corto paseo por senderos que hacen un *bestseller* de la adversidad, y ciertamente podemos aprender de eso. Aquí es donde encontramos libros como *La crisis del confort*[123] y *No puedes hacerme daño*,[124] recordándonos que estamos demasiado cómodos para nuestro propio bien. Aunque no aportan nada nuevo, ambos libros usan experiencias físicas agotadoras para reclamar los beneficios perdidos de la adversidad.

Los seguidores de *No puedes hacerme daño* usan etiquetas como *#AceptaLoDesagradable* (*#EmbraceTheSuck*) y *#NoTePongasCómodo* (*#DontGetComfortable*) al publicar fotos de sí mismos haciendo actividades físicas desgarradoras en busca de su mejor versión. Hay cientos de miles de fotografías en Instagram con estas etiquetas, y algunas me recuerdan momentos durante mi caminata a Sídney. Pero estaba *#AceptandoTantoLoDesagradable* que no se me ocurrió tomar una foto.

En *La crisis del confort* leí acerca del Dr. Marcus Elliot, un médico formado en Harvard y promotor de desafíos físicos conocidos como *misogi*, haciendo referencia al antiguo ritual sintoísta japonés de lavar el cuerpo bajo una cascada casi al punto de congelación en invierno. Siguiendo el rastro del Dr. Elliot, me topé con una conversación que tuvo con una firma global de contabilidad[125] en la que compartió las dos reglas para establecer el nivel de dificultad de sus desafíos. Regla uno: si haces todo bien, tendrás aproximadamente un cincuenta por ciento de posibilidades de completar el desafío. Regla dos: no morir.

Ok, pero, ¿cómo se supone que estos desafíos nos pueden ayudar? El Dr. Elliot explica esto de una manera que resume el uso de los desafíos físicos en ambos libros:

> "Te ves a ti mismo hacer mucho más de lo que soñaste que podrías hacer, y a partir de ahí generalizas. Empiezas a confiar en que puedes hacer mucho más de lo que creías posible en otras situaciones".[125]

La idea de que desarrollamos confianza a partir de experiencias previas ha sido explorada hace tiempo y formalizada por el psicólogo Albert Bandura en su *Teoría de la autoeficacia*.[126] El problema está en determinar hasta qué punto los desafíos físicos afuera de la oficina pueden ayudar a que los oficinistas innoven dentro de la organización. En la teoría de la autoeficacia, la aptitud se construye a través de tareas asociadas.

Afortunadamente, no tenemos que preocuparnos por esos detalles ni seguir por ese sendero. Nuestra señal argumenta que las adversidades deben provenir del lugar de trabajo en sí, no de un desafío de fin de semana. Aún así, este sendero nos ha demostrado que la adversidad puede hacerse accesible e incluso popular. La clave parece ser diseñar una adversidad cuya intensidad se pueda controlar, que sea voluntaria e incluso que se pueda presumir en redes sociales, tal y como los desafíos físicos. La habilidad de controlar la adversidad fue enfatizada por nuestros lugareños como el punto de partida para iniciar conversaciones acerca de esta Señal.

Nos hemos embarcado en una larga expedición siguiendo esta Señal, y afortunadamente sólo queda un último sendero que recorrer. Este sendero es importante porque nos dice que a medida que las cosas mejoran, nos volvemos más quisquillosos. A los participantes de un experimento[127] se les mostró una serie de círculos que variaban en color de muy púrpura a muy azul, y se les pidió que dijeran si el círculo era azul o no. Luego, los investigadores disminuyeron la frecuencia de los círculos azules. Sorprendentemente, el concepto del color azul de los participantes se expandió para incluir círculos que previamente habían excluido. El experimento se repitió con escenarios más complejos que el color de círculos, tal y como la agresión y el comportamiento no ético.

Al igual que en los círculos azules, los participantes vieron ocurrencias de éstos en casos que no los vieron antes. Los investigadores concluyeron que:

> "Aunque las sociedades modernas han hecho progresos extraordinarios... la mayoría de la gente cree que el mundo está empeorando. El hecho de que los conceptos crezcan cuando sus instancias se hacen más pequeñas puede ser una fuente de ese pesimismo".[127]

De manera similar, los empleados podrían ampliar su concepto de adversidad a medida que disminuyan los casos adversos en el lugar de trabajo. Esto podría descarrilar intentos de aspirar a entornos cada vez más cómodos y experiencias cada vez más pulidas, ya que los empleados podrían encontrar adversidad donde no la experimentaban antes.

Si no podemos deshacernos de la adversidad, al menos podríamos explorar cómo aprovecharla al máximo.

Concluiremos nuestra expedición de la Señal 4 con una plática con la Dra. Natasha Layton. Cada vez que Natasha y yo nos reunimos para tomar un café, ella dice "¡Arreglemos el entorno!", y procede a mover sillas y mesas para asegurarse de que ambos estamos cómodos, sin luces que nos deslumbren ni ninguna otra molestia ambiental. Natasha no es arquitecta ni diseñadora de interiores, y mueve las cosas con desprecio a la intención del diseño y con la convicción de una terapeuta ocupacional. Ella estudia la relación entre la persona, las tareas y el medio ambiente y consulta para la Organización Mundial de la Salud (OMS).

La visión del mundo de Natasha, su mapa de conocimiento, es diferente al que describí en la figura 35.2. La suya se basa en la Clasificación Internacional del Funcionamiento de la OMS,[128] una clasificación de actividades humanas con una lista increíblemente detallada de factores con los que interactuamos en el curso de nuestra vida diaria que incluye elementos ambientales como la temperatura e iluminación, así como una variedad de factores intangibles como actitudes y "soporte y relaciones". Natasha procedió a explicarme que todos ellos son neutrales, es decir que pueden ser un obstáculo o un facilitador dependiendo del individuo, la tarea y el resultado deseado.

En otras palabras, no hay adversidad objetiva, depende de las circunstancias. "Lo que yo pretendo es eliminar las barreras y crear facilitadores para propiciar un funcionamiento excelente", agregó Natasha. En ese momento dudé en preguntarle si creía que la adversidad era algo bueno, pero tomé valor y le pregunté.

"Ah, sí, claro, pero los profesionales de la salud lo llamarían 'planeación de tratamiento'. Aumentamos la cantidad de desafío que el entorno exige de la persona para aumentar las funciones físicas y cognitivas y prepararla para un lugar de trabajo".

Su respuesta me dio pie a preguntar qué tipo de adversidad prescribiría en un lugar de trabajo para promover la innovación.

"Si tuviera que implementar una adversidad, usando tu palabra, lo haría con un objetivo en mente. La innovación que más me gustaría ver en cualquier lugar de trabajo es una apreciación de lo que significa ser humano y lo que viene con eso es una gratitud en torno al trabajo".

Natasha procedió a contarme su experiencia como consultora para otra gran organización que contrata expertos con experiencia vivida en discapacidad.

"Los cambios necesarios para que el lugar de trabajo funcione para 'todos' pueden crear desafíos para trabajar en ese lugar para una persona no discapacitada".

Más allá de las rampas para sillas de ruedas y los comedores accesibles, Natasha describió las diversas formas en que tienen que cambiar la manera en que se comunican para incluir a las personas con discapacidad visual y auditiva. La comunicación estándar no funcionaría en lo absoluto.

"Así que inicialmente es incómodo, y sientes que crea un lastre en tu trabajo, pero ... ¡Oh, dios mío!", la cara de Natasha se ilumina con una gran sonrisa, "cuando todos pueden ser parte del grupo y tienes interacciones exitosas, entonces, en ese lugar de trabajo, puedes sentir un profundo cambio social hacia la inclusión. Si entiendes la discapacidad, entiendes la diversidad y entiendes a los humanos".

Mi idea de innovación es parecida a la de Natasha, y a lo mejor la tuya también, o tal vez no. Pero lo que los senderos de la adversidad sugieren es que trabajar en entornos tangibles e intangibles que aumentan el desafío en la cantidad justa podría conducir a la innovación que uno busca.

Capítulo 35
Todos los caminos conducen a Roma

Seguir señales nos lleva a través de senderos que nos permiten ver el trabajo, y los lugares en los que se ejerce, de forma diferente. Más aún, nos permite vernos a nosotros mismos en otra luz. Sin embargo, el proceso puede ser abrumador y eso nos preocupó a Frank y a mí.

"Las organizaciones tienen un límite de cosas que pueden cambiar al mismo tiempo, ¿cierto? Si tienen que cambiar 34 cosas se sentirán abrumados. Las organizaciones deberían elegir únicamente dos o tres Señales, aquellas que tendrían el mayor impacto, y enfocarse en ellas", dijo Frank.

Sin embargo, las Señales no son recomendaciones individuales para los lugares de trabajo, esta confusión proviene de suponer que nos llevarán a 34 lugares diferentes. Para que estos marcadores cumplan su promesa, tendrían que converger en un sólo destino: un mejor lugar para trabajar, como indica la figura 36.1. Por lo tanto, no es necesario seguir todas.

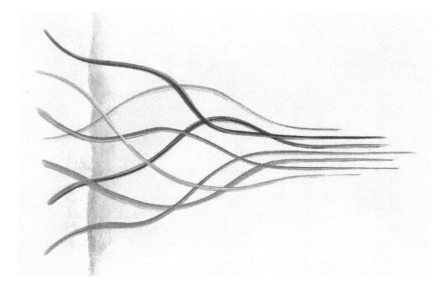

Figura 36.1 Convergencia de Señales

Esta figura también ilustra el zigzag de los caminos a medida que se dirigen hacia su destino común. La marca de agua vertical indica conceptualmente hasta dónde nos ha llevado esta guía.

Señales convergentes

2020 marcó el 250 cumpleaños de Beethoven, y orquestas alrededor del mundo rindieron homenaje a su trabajo, el cual todavía se considera imaginativo, intransigente y sin precedentes.[129]

Arthur Brooks, músico y profesor de Harvard Kennedy School, nos cuenta que a medida que se deterioraba la capacidad de escuchar del compositor clásico, éste fue menos influenciado por las modas compositivas del momento y más por las estructuras musicales que se formaban dentro de su propia cabeza.[130] Beethoven "ya no tenía la banda sonora de la sociedad en sus oídos", escribe Brooks. Luego, a medida que su condición empeoraba, evitaba las frecuencias que no podía oír.[131]

Aplicando nuestras señales a la situación de Beethoven, ¿acaso fue el aislamiento lo que lo llevó a su estilo único (Señal 1), o se debió a la adversidad de perder la audición (Señal 4)? ¿Tal vez estaba siguiendo la Señal 2 y rompió las reglas de composición?

Este ejemplo ilustra cómo las Señales se vuelven indistinguibles entre si al converger en su destino.

Ya que aún no he llegado al destino de las Señales, sólo puedo adivinar lo que allí sucede. Por lo tanto, me entregaré brevemente a los placeres de la especulación y diré que tal lugar podría no ser aburrido, incómodo, absurdo, ineficiente y aislado, como algunas señales pueden hacernos creer, al menos no durante largos periodos a la vez. Para explicarlo, tomemos como ejemplo las investigaciones enfocadas a encontrar la postura óptima para trabajar.

Después de etiquetar el estar sentado como "el nuevo tabaquismo" ("sitting is the new smoking"),[132] resultó que, al igual que estar sentado por un tiempo prolongado es malo, también lo es estar de pie.[133] A fin de cuentas, la mejor postura para trabajar no es ni estar sentado, ni estar de pie, sino "la siguiente", alternando entre las dos posiciones.

De manera similar, los lugares de trabajo deberían de alternar entre lados opuestos de la moneda para evitar las desventajas de operar en forma prolongada en un solo lado y beneficiarse de las ventajas del otro: absurdo / racional; estimulante / aburrido; adverso / cómodo; conectado / aislado, y así sucesivamente.

Capítulo 36
Acercándonos al destino

No me he olvidado de las otras cuatro señales que discutí con los lugareños, y la figura 37.1 muestra su calibración individual. No discutiré ninguna de éstas en detalle, pero quiero compartir tres puntos de vista que surgieron al platicar acerca del proceso de diseño de los lugares de trabajo (Señal 11).

Leo, quien ve el lugar de trabajo desde el calculado pragmatismo del mundo inmobiliario, explicó:

> "[Los inversionistas] producen estos activos [edificios de oficinas] con el propósito de obtener ganancias financieras. La mayoría de las veces son la antítesis de la innovación y repiten lo que se ha probado y comprobado para reducir el riesgo y aumentar las ganancias".

Como arquitecto, este punto de vista nunca es fácil de escuchar, pero lo he escuchado de otros en el desarrollo inmobiliario, dónde el valor del edificio reside en su retorno de la inversión y no mucho más. Frank elaboró esa idea desde la perspectiva del arquitecto.

> "La arquitectura en masa se basa en grandes edificios y grandes finanzas. Hemos caído en una mentalidad en la que sólo las grandes corporaciones nos representan en lo que hay que construir... en dónde 'la forma sigue a las finanzas'".

Me perdí de la mayor parte de lo que dijo después, pues me tomó un rato procesar su comentario de "la forma sigue a las finanzas", una actualización muy perspicaz, aunque desalentadora, del famoso axioma "la forma sigue a la función", de Louis Sullivan.[134]

Señal 6: El aburrimiento puede convertirse en una herramienta útil de pensamiento.

Señal 11: El proceso de diseño de lugares de trabajo puede interponerse en la creación de un entorno que cumpla con su propósito.

Señal 25: El trabajo y las tareas son diferentes, pero están interconectados.

Señal 30: La búsqueda de eficiencias podría despojar al trabajo de su significado.

Figura 37.1. Calibración de los postes de señalización 6,11, 25 y 30. Vista establecida (izquierda), vista personal (derecha).

Afortunadamente estaba grabando la conversación, ya que lo que Frank dijo a continuación fue bastante interesante.

> "El propósito de los despachos de arquitectura es hacer arquitectura. Por lo tanto, ninguno de ellos cuestionará si sus clientes necesitan un lugar de trabajo nuevo o no. Algunos dirán que sí lo hacen, pero en realidad no, porque perderían ingresos".

Caca de caballo

Aprendí algo muy interesante en mi caminata a Sídney: una bolsa de caca de caballo se vendía por dos dólares en el estado de Victoria, pero el mismo producto costaba tres dólares al otro lado de la frontera de Nueva Gales del Sur.

Siguiendo lo absurdo de mis pensamientos a lo largo de la peregrinación, entretuve la idea de convertirme en un comerciante de caca. Claramente había un mercado, y me volvería millonario si pudiera transportar un millón de bolsas de caca de Victoria a Nueva Gales del Sur. Desafortunadamente, los cálculos mentales sugerían que me llevaría unos cuantos miles de años cargarlas de un estado a otro. Eran muy pesadas.

Aun así, entendí bastante bien las variables detrás del plan de negocios de mi efímero cambio de carrera, lo cual trajo consigo la triste realidad de que es más fácil planear la venta de mierda que implementar las Señales en un lugar de trabajo.

De hecho, es tan raro que los arquitectos propongan una solución que no esté basada en un edificio o una 'solución espacial', que cuando lo hacen se convierte en una plática TED. En *Arquitectura para la gente, por la gente*,[135] el arquitecto Alastair Parvin argumenta que el propósito de la arquitectura es resolver problemas, no hacer edificios, los cuales Parvin considera como una de las soluciones más costosa a casi cualquier problema.

¿Y qué hay con la pérdida de ingresos? En esa misma plática Parvin nos dice:

> "Ahora, si bien parece que estás perdiendo trabajo, de hecho no es así. En realidad te estás volviendo más útil. Los arquitectos son realmente buenos, muy buenos, en pensamiento ingenioso y estratégico. Pero el problema es que, así como en otras profesiones de diseño, nos obsesionamos con la idea de proporcionar un tipo particular de producto de consumo, y debemos de cambiar eso".[135]

Esta visión de la arquitectura no le quita el producto más conocido de la disciplina; sin duda, hay casos en los que un edificio, o más ampliamente una "solución espacial", es la mejor respuesta a un problema. En cambio, esta interpretación de la arquitectura extiende la gama de respuestas disponibles para arquitectos y diseñadores. En su plática, puedes aprender cómo Parvin resolvió un 'problema arquitectónico' con una campana y un reloj.

Por último, pero no menos importante, Henry, quien está a cargo de entregar lugares de trabajo para una organización grande, planteó una pregunta retórica: "¿Por qué existen las grandes empresas?" Su respuesta fue severa:

> "Existen para incrementar el valor de las acciones. El papel del Director Financiero (CFO) es contar frijoles y cuantos más frijoles cuente, mejor".

Sin duda es una interpretación severa y abreviada de lo que son las grandes empresas; sin embargo, uno puede leer las obras detrás de la *Teoría de la firma*[136] y aprender mucho sobre la especialización, las estructuras organizacionales, las relaciones entre los empleados y los empleadores e incluso sobre la intangibilidad de las empresas mismas, pero al final de cuentas se quedará con una idea del propósito de las organizaciones similar a la de Henry.

Estos comentarios de tan sólo tres de nuestros lugareños son una muy buena descripción del contexto que enfrentan los diseñadores antes de tener una oportunidad de pensar sobre lo que sucede en los lugares de trabajo, ya ni se diga de aplicar Señales.

Prometedoramente, un mensaje consistente que surgió de Leo, Frank, Henry y los otros lugareños es que querían un cambio. La gran mayoría (más del ochenta por ciento) de los lugareños prefieren dirigirse rumbo a las Señales que a la visión establecida.

El mundo del peregrino vs el mundo real

Poco después de regresar de mi peregrinación, tuve un almuerzo muy anticipado con un colega que es el cerebro detrás de innumerables estrategias globales de lugares de trabajo. Tenía mucho interés de escuchar sus comentarios acerca de mis ideas aún muy verdes de las Señales en desarrollo.

Mientras conversábamos, una sonrisa sutil cruzó la cara de mi confidente, seguida de una pregunta que escucharía muchas veces:

> "¡Todo eso suena genial! Pero, ¿cómo le vas a hacer para implementar esas ideas en el mundo real?"

Si bien el mundo del peregrino no encaja fácilmente en el "mundo real", eso no significa que no pueda, o que no deba encajar.

*

En la primera parte de este libro te compartí mi motivación para caminar de Melbourne a Sídney, en la segunda te llevé a través de los preparativos que condujeron a mi primer paso. En la tercera y cuarta parte me acompañaste en mis peregrinaciones análoga y virtual, donde vimos varias Señales elevarse. Dado que yo había completado ambos viajes y te estaba compartiendo lo aprendido, estaba un paso delante de ti, pero en la quinta parte me alcanzaste. Ambos nos encontramos al final del sendero y a partir de ahí empezamos a trazar caminos hombro con hombro.

En la siguiente y última parte, vamos a separarnos, pero espero que nos volvamos a encontrar en el destino de las Señales.

SEXTA PARTE
TU CRIATURA

134

Capítulo 37
Mi iguana, tu criatura

Este libro congela mi expedición siguiendo Señales en busca de un mejor lugar para trabajar, a lo que me he referido como 'mi iguana'. Pero las ideas que sustentan mi criatura continuarán evolucionando, no sólo porque yo seguiré trazando caminos, sino también por ti.

Podrás encontrar ideas en este libro con las que estés de acuerdo, y sin duda otras a las que te opongas vehementemente; ambas sirven como un catalizador para que puedas crear tu propia criatura, tu propia iguana.

Habiendo recorrido este viaje, mi consejo es que no ignores los pensamientos incesantes de tu criatura. Te animo a que la lleves a una peregrinación propia. Camina si crees que es necesario o no camines si no quieres, pero permítete explorar lo absurdo y sigue a tu criatura hasta un lugar más allá de los caminos recorridos.

Luego traza caminos para llegar a tu versión del lugar de trabajo. Espero reencontrarnos allí.

Aunque tengo más que decir, prefiero hacerme a un lado para que empieces tu propio peregrinaje.

Buen camino.

AGRADECIMIENTOS

Versión original (inglés)

"¡Estás loco!", dijo Mark Bray, cuando le conté mi idea de caminar a Sídney, pero rápidamente agregó "¿cómo te puedo ayudar?" Mark fue la primera persona a la que le compartí mis planes, y si esa conversación hubiera sido diferente mi peregrinación podría no haber sucedido.

Escribir este libro fue una idea igualmente loca por la que estaré eternamente agradecido al Dr. Peter Edwards, Laurie Aznavoorian y Prue Vincent por su apoyo, incontables ediciones y ayuda en encontrar una voz para comunicar lo absurdo.

También quiero agradecer la dedicación de los lectores de los primeros borradores del manuscrito cuyos comentarios ayudaron a mantener el contenido relevante para una variedad de lectores: Dr. Natasha Layton, Hannah Bauer, Dr. Lina Engelen, Marilyn Zakhour, Brian Stevenson, Paul Turner, Dr. Patricia Chevez-Barrios, Cai Kjaer, Daniel Davis, Iulia Istrate, Evodia Alaterou, Kate Torkington, Katie Puckett, y Mark Vender. De igual forma estoy muy agradecido a los revisores anónimos.

En la sección de Referencias he citado a las personas y organizaciones alrededor del mundo con las que he disfrutado la oportunidad de hacer investigaciones.

La obra de arte que ilustra este libro es de Sam Jenkins, quien logró comunicar bellamente la esencia detrás de cada ilustración.

Gracias a Kerry y Cynthia Turner y a todos los demás lugareños que encontré durante mi caminata a Sídney y que enriquecieron mi experiencia. Y, por supuesto, a los veintidós lugareños anónimos que me acercaron a donde apuntan las Señales.

Genevieve McNamara, gracias por la almohada que me hizo pensar en la comodidad en el lugar de trabajo, y la Dra. Michelle Turner por el buen par de calcetines y el apoyo a través de la caminata y la escritura. A mi familia y amigos, gracias.

Finalmente, quiero reconocer a Lucie Bartonek, la editora de Springer que vio potencial en un libro sobre el lugar de trabajo con títulos inusuales.

Versión en español

Estoy muy agradecido a Daniela Castillejos por su ayuda en hacer esta versión una realidad y a Isabel Zapata por la edición y corrección de estilo.

Y a mi familia y amigos, que independientemente del idioma, siempre me han apoyado.

138

APÉNDICES

Apéndice A: Lista de Señales

1) Intercambiar ideas prematuramente y con demasiada frecuencia limita su diversidad y potencial para innovar.
2) El lugar de trabajo debe de promover lo absurdo.
3) El lugar de trabajo debe nutrir nuestras cualidades únicas como humanos.
4) En el lugar de trabajo es mejor conservar las adversidades, incluso introducirlas, para promover la innovación.
5) El estar solo debe estar dentro de las condiciones ideales de sus efectos sobre nosotros (solitud) y la calidad de la idea misma.
6) El aburrimiento puede convertirse en una herramienta útil de pensamiento.
7) La subjetividad de sentirse preparado o listo dificulta la evaluación comparativa de los lugares de trabajo.
8) Comprender lo que significa el trabajo tan claramente como sabemos satisfacer sus funciones puede conducir a mejores lugares de trabajo.
9) El diseño de experiencias y el diseño de la organización deben estar alineados en el lugar de trabajo para que la organización logre sus objetivos.
10) Movernos a baja velocidad nos permite interactuar con las personas, pero aun así los símbolos en el lugar de trabajo pueden ayudar a comunicar identidad personal a uno mismo y a los demás.
11) El proceso de diseño de lugares de trabajo puede interponerse en la creación de un entorno que cumpla con su propósito.
12) Hay belleza en la fealdad de la personalización.
13) Lo absurdo puede dar pie a mayor significado y propósito.
14) Ver la normalidad a través de lo absurdo puede mostrar lo absurdo como normal.
15) La normalidad puede ser producto de lo no cuestionado.
16) Una fuerte cohesión social puede tener las ventajas y desventajas de una pequeña población rural.
17) El propiciar oportunidades para socializar no resulta necesariamente en un entorno más inclusivo.
18) El ruido de la transferencia de conocimientos podría ser el sonido de la colaboración.

19) Diseñar el trabajo primero y luego los espacios de trabajo podría conducir a nuevas formas de valor.
20) Un buen diseño alinea la estética de trabajo de una organización con su apariencia.
21) La proximidad social puede promover la empatía.
22) El (C)omportamiento en los lugares de trabajo puede variar como resultado de cambios en el (E)ntorno y/o la (P)ersona.
23) El lugar de trabajo no es sólo lo que podemos medir.
24) La dificultad de cambiar nuestras creencias puede dificultar la adopción de innovación.
25) El trabajo y las tareas son diferentes, pero están interconectados.
26) El trabajo es intangible, las tareas son tangibles.
27) El trabajo es más que su producto.
28) El lugar de trabajo podría beneficiarse de las lecciones derivadas de casos en los que no se puede trabajar.
29) El trabajo que está alineado con su entorno no requiere significado añadido.
30) La búsqueda de eficiencias podría despojar al trabajo de su significado.
31) La necesidad de gamificación y rituales añadidos podrían ser signos de un lugar de trabajo demasiado eficiente.
32) Comprender la esencia del trabajo puede ayudar a mejorar los entornos de trabajo actuales y emergentes.
33) El lugar de trabajo también es lo que no es.
34) En ausencia de trabajo, con sólo tareas por hacer, ningún lugar de trabajo será suficiente.

Apéndice B: Conoce a los lugareños

Tabla 1: Locales de señalización

Seudónimo	Descripción del puesto
Alicia (f)	Candidata a doctorado en cultura organizacional y creatividad
Brooke (f)	Directora de diseño de lugares de trabajo en despacho de arquitectura
Claire (f)	Directora en agencia de comunicación
David (m)	Diseñador multidisciplinario en compañía propia
Ethan (m)	Investigador de administración en universidad
Frank (m)	Investigador en despacho de arquitectura
Gavin (m)	Historiador de diseño en universidad
Enrique (m)	Director de soluciones de lugares de trabajo en una organización grande
Isabel (f)	Estratega de lugares de trabajo en organización global de inmuebles y tecnología
Julia (f)	Fundadora de consultoría en equipos distribuidos
Kevin (m)	Estratega de lugares de trabajo en proveedor global de servicios inmobiliarios corporativos
Leo (m)	Director en asesoría inmobiliaria y administración de proyectos
Miles (m)	Investigador postdoctoral en diseño de organizaciones en escuela de negocios
Nora (f)	Consultora en estrategia de lugares de trabajo y *change management*
Olivia (f)	Directora global en consultoría de diseño de experiencias
Paula (f)	Futurista en despacho de arquitectura
Quinn (f)	Consultora en lugares de trabajo flexibles
Ron (m)	Observador de la industria de lugares de trabajo de vanguardia en despacho de diseño
Sara (f)	Consultora en trabajo remoto y el futuro del trabajo
Talia (f)	Estratega de diseño en despacho de arquitectura
Uriel (m)	Consultor en tecnología de lugares de trabajo
Vicente (m)	Diseñador de lugares de trabajo en despacho de arquitectura

Se buscó un punto de vista equilibrado de género entre los entrevistados, el 50% son mujeres. Sus seudónimos indican género: (f)emenino / (m)asculino.

Apéndice C: Calibración de Señales

Tabla 2: Resultados de las calibraciones

Señal		Dirección opuesta	Ignorar	Ese rumbo, Pero no allá	Ir allá	Total
1: Intercambio de ideas	P	9% (2)	-	77% (17)	14% (3)	100% (22)
	E	59% (13)	27% (6)	14% (3)	-	100% (22)
2: Absurdo	P	-	5% (1)	36% (8)	59% (13)	100% (22)
	E	41% (9)	14% (3)	41% (9)	5% (1)	100% (22)
4.1: Adversidad (conservar)	P	14% (3)	14% (3)	36% (8)	36% (8)	100% (22)
	E	73% (16)	18% (4)	9% (2)	-	100% (22)
4.2: Adversidad (introducir)	P	9% (2)	9% (2)	27% (6)	55% (12)	100% (22)
	E	64% (14)	23% (5)	14% (3)	-	100% (22)
6: Aburrimiento	P	-	-	18% (4)	82% (18)	100% (22)
	E	41% (9)	36% (8)	18% (4)	5% (1)	100% (22)
11: Proceso vs Propósito	P	-	14% (3)	23% (5)	64% (14)	100% (22)
	E	36% (8)	45% (10)	18% (4)	-	100% (22)
25: Trabajo vs Tareas	P	-	-	18% (4)	82% (18)	100% (22)
	E	23% (5)	23% (5)	27% (6)	27% (6)	100% (22)
30: Eficiencia vs Significado	P	5% (1)	-	32% (7)	64% (14)	100% (22)
	E	45% (10)	27% (6)	23% (5)	5% (1)	100% (22)
Total	P	5% (8)	5% (9)	34% (59)	57% (100)	100% (176)
	E	48% (84)	27% (47)	20% (36)	5% (9)	100% (176)

(P)ersonal, **(E)**stablecida | Porcentaje% (frecuencia)

REFERENCIAS

1. Chevez A (2009) Evolution of workplace architecture as a consequence of technology development. RMIT University, Melbourne
2. Dawkins R (2012) The magic of reality. Black Swan
3. Chevez A (2018) The benefits – and pitfalls – of working in isolation. The Conversation, 9 Novembre 2018
4. O'Neill N (2018) Antarctica scientist stabbed colleague for spoiling book endings. New York Post , 30 October 2018
5. Leavitt J, Christenfeld N (2011) Story spoilers don't spoil stories. Psychol Sci 22(9):1152–1154
6. Prime Minister of Australia (2020) Transcript, Address National Press Club, 26 May 2020. [Online]. Available: https://www.pm.gov.au/media/address-national-press-club-260520. Accessed 10 July 2020
7. Salmon W (1980) A contemporary look at Zeno's paradoxes. In: Space, time and motion. University of Minnesota Press, Minneapolis
8. Descartes R (1984) Principles of philosophy, vol 24. Springer Science & Business Media, Cham
9. Huber T, Rigzin T (1995) A Tibetan guide for pilgrimage to Ti-se (Mount Kailas) and mTsho Ma-phatn (Lake Manasarovar). Tibet J 20(1):10–47
10. Shilling C, Mellor P (2010) Saved from pain or saved through pain? Modernity, instrumentalization and the religious use of pain as a body technique. Eur J Soc Theory 13(4):521–537
11. Reed C, Director (1949) The Third Man. [Film]. London Films
12. Clements-Croome D (2006) Creating the productive workplace. Taylor & Francis, London
13. Barker S, Grayhem P, Koon J, Perkins J, Whalen A, Raudenbush B (2003) Improved performance on clerical tasks associated with administration of peppermint odor. Percept Mot Skills:1007–1010
14. Kidd IJ (2018) Adversity, wisdom, and exemplarism. J Value Inq 52(4):379–393
15. Ludwig A (1998) Method and madness in the arts and sciences. Creat Res J 11(2):93–101
16. Nietzsche F (2008) Thus spoke Zarathustra. Oxford University Press, Oxford
17. Niehues A, Broom A, Tranter P, Ragen J, Engelen L (2013) Everyday uncertainties: reframing perceptions of risk in outdoor free play. J Advent Educ Outdoor Learn 13(3):223–237
18. Rose L (2016) The human side of virtual work: managing trust, isolation, and presence, 1st edn. Business Expert Press, New York

19. Murthy V (2017) Work and the loneliness epidemic. Harvard Business Review, 26 September 2017
20. Pentland A (2013) Beyond the echo chamber. Harvard Business Review, November 2013
21. Wilson T, Reinhard D, Westgate E, Gilbert D, Ellerbeck N, Hahn C, Brown C, Shaked A (2014) Just think: the challenges of the disengaged mind. Science 345(6192):75–77
22. Herzog W (2014) Of walking in ice. Penguin, Paris
23. Chevez A, Gladwish L (2018) Exploring what's next in Corporate Real Estate: filling the void: a post coworking environment. Pepper Property, Melbourne
24. Pilgrim P (1998) Peace pilgrim: her life and work in her own words, 2nd edn. Ocean Tree Books, Shelton
25. van der Zande J, Teigland K, Siri S, Teigland R (2018) The substitution of labor: from technological feasibility to other factors influencing job automation. Center for Strategy and Competitiveness, Stockolm
26. Morse NC, Weiss RS (1955) The function and meaning of work and the job. Am Sociol Rev 20(2):191–198
27. Rosso BD, Dekas KH, Wrzesniewski A (2010) On the meaning of work: a theoretical integration and review. Res Organ Behav 30:91–127
28. McLellan H (2000) Experience design. CyberPsychol Behav 3(1):59–69
29. Puranam P, Chevez A (2019) When is cool office design more than window dressing? INSEAD Knowledge, 23 August 2019
30. Venturi R, Scott Brown D, Izenour S (1972) Learning from Las Vegas. MIT Press, Cambridge
31. Ashkanasy NM, Ayoko OB, Jehn KA (2014) Understanding the physical environment of work and employee behavior: an affective events perspective. J Organ Behav:1169–1184
32. Morricone E, Composer (1966) The good, the bad and the ugly. [Sound Recording]. Capitol Records
33. Pryke S (2008) Social network analysis. In: Advanced research methods in the built environment. Wiley-Blackwell, New York, pp 171–182
34. Guthrum. Power nap comic. [Online]. Available: http://www.powernapcomic.com/. Accessed 10 June 2021
35. Terwiesch C (2019) Empirical research in operations management: from field studies to analyzing digital exhaust. Manuf Serv Oper Manag 21(4):713–722
36. Galindo-Romero M, Yi Fong K, Chevez A (2019) The sound of collaboration in open-plan offices: a pilot study. In: INTER-NOISE and NOISE-CON Congress and conference proceedings, vol 259, no 2
37. Bernstein E, Turban S (2018) The impact of the 'open'workspace on human collaboration. Philos Trans R Soc B Biol Sci 373(1753):1–8
38. Groves D (2009) Crime and architecture: designing a Centre for Australian Crime Fiction. Latrobe J 83:13–27

39. Brown T (2008) Design thinking. Harvard Business Review, June 2008
40. Zemeckis R (1994) Director, Forrest Gump. [Film]. Paramount Pictures Studios
41. Lewin K (1936) Principles of topological psychology. McGraw-Hill Publications in Psychology, New York
42. Bechtel R (1977) Enclosing behaviour. Dowden Hutchinson & Ross, Stroudsberg
43. Kihlstrom J (2013) The person-situation interaction. In: The Oxford handbook of social cognition. Oxford University Press, Oxford, pp 786–805
44. Kelly P, Carmody K, Composers (1993) From little things, big things grow. [Sound Recording]. Festival
45. Thomas B, Kristen L (2019) Development and validation of the workplace dignity scale. Group Org Manag 44(1):72–111
46. Chevez A, Simpson K, Bauer H, Wohlgezogen F, Maak T, Thomas B, Kjaer C (2019) Designing for dignity. HASSELL
47. Cameron WB (1963) Informal Sociology, a casual introduction to sociological thinking. Random House, New York, p 13
48. Bagehot W (1872), Physics and politics. BoD-Books on Demand (re-issued 2019)
49. Rogers EM (2010) Diffusion of innovations. Simon and Schuster
50. Whiteford G (1997) Occupational deprivation and incarceration. J Occup Sci 4(3):126–130
51. Whiteford G (2000) Occupational deprivation: global challenge in the new millennium. Br J Occup Ther 63(5):200–204
52. Christie A (1934) Murder on the orient express. Collins Crime Club, London
53. Coelho P (1987) The pilgrimage. Harper Collins, New York
54. Estevez E, Director (2010) The way. [Film]. Filmax
55. Smith LB, Director (2015) Walking the Camino: six ways to Santiago. [Film]. Lydia B. Smith, Sally Bentley, Theresa Tollini-Coleman
56. Visit Colorado Springs. The Manitou Incline [Online]. Available: https://www.visitcos.com/things-to-do/outdoors/manitou-incline-near-colorado-springs-colorado/. Accessed 2 Apr 2021
57. Monaghan S (2020) These two (friendly) rivals are setting insane Manitou incline records. [Online]. Available: https://www.5280.com/2019/12/these-two-friendly-rivals-are-setting-insane-manitou-incline-records/. Accessed 2 Apr 2021
58. Peat C (2021) Heavens above: ISS – Orbit. [Online]. Available: https://www.heavens-above.com/orbit.aspx?satid=25544. Accessed 2 Apr 2021
59. Centrical (2021) [Online]. Available: https://centrical.com/platform/gamification/. Accessed 2 Apr 2021
60. Weber M, Kalberg S (2013) The protestant ethic and the spirit of capitalism. Routledge

61. Cosmic Centaurs. Rituals. [Online]. Available: https://www.cosmiccentaurs.com/ritual-bank. Accessed 2 Apr 2021
62. Weber M (2013) From Max Weber: essays in sociology. Routledge, London
63. Taylor F (2004) Scientific management. Routledge, London
64. Bartle R (2004) Designing virtual worlds. New Riders, London
65. Cicognani A (2003) Architectural design for online environments. In: Virtual publics: policy and community in an electronic age. Columbia University Press, New York, pp 83–111
66. Davis N (2012) Digital apocalypse: living through the death of virtual worlds. The Verge, 20 December 2012. [Online]. Available: https://www.theverge.com/2012/12/20/3776210/electric-funeral-death-of-mmo. Accessed 2 Apr 2021
67. Second Life (2021) Remote work and event solutions. Linden Research. [Online]. Available: https://www.connect.secondlife.com/. Accessed 2 Apr 2021
68. Dean G (2021) Mark Zuckerberg snuck sunscreen, Sweet Baby Ray's BBQ sauce, and other props poking fun at his past into Facebook's 'Meta' rebrand. Business Insider, 29 October 2021
69. Call in Colonel Mustard For Questioning. [Sound Recording]. This American Life
70. James P, Veit WF, Wright SJ (1997) Work of the future: global perspectives. Allen & Unwin, New York
71. Clark SC (2000) Work/family border theory: a new theory of work/family balance. Hum Relat 53(6):747–770
72. Chevez A, Huppatz DJ (2017) A short history of the office. The Conversation, 14 August 2017
73. Rybczynski W (1987) Home: a short history of an idea. Penguin
74. Godden DR, Baddeley AD (1975) Context-dependent memory in two natural environments: land and underwater. Br J Psychol 66:325–331
75. Chevez A (2017) What workspaces are the best for freelance workers? The Conversation, 24 January 2017
76. Smith S, Vela E (2001) Environmental context-dependent memory: a review and meta-analysis. Psychon Bull Rev 8(2):203–220
77. Frankl V (1985) Man's search for meaning. Simon and Schuster, London
78. Moor R (2016) On trails. Aurum Press, New York
79. Zheng N-n, Liu Z-y, Ren P-j, Ma Y-q, Chen S-t, Yu S-y, Xue J-r, Chen B-d, Wang F-y (2017) Hybrid-augmented intelligence: collaboration and cognition. Front Inf Technol Electron Eng 18(2):153–179
80. Life as a pilgrim. [Film]. All Saints Church Passadena
81. Cronon W (1996) The trouble with wilderness: or, getting back to the wrong nature. Environ Hist 1(1):7–28
82. Oxford reference. Carnivalesque. [Online]. Available: https://www.oxfordreference.com/view/10.1093/oi/authority.2011 0803095550811. Accessed 11 Oct 2021

83. Bakhtin M (2013) Problems of Dostoevsky's poetics, vol 8. University of Minnesota Press, Minneapolis
84. Vohs KD, Redden JP, Rahinel R (2013) Physical order produces healthy choices, generosity, and conventionality, whereas disorder produces creativity. Psychol Sci 24(9):1860–1867
85. Hopkins O (2020) Postmodern architecture: less is a bore. Phaidon Press, London
86. March J (2020) The technology of foolishness. In: Shaping entrepreneurship research. Routledge, Abingdon, pp 120–130
87. Larsen B (2020) Whatever happened to "The Technology of Foolishness"? Does it have any potential today? Scand J Manag 36(1)
88. Farson R (1997) Management of the absurd. Simon and Schuster, New York
89. Johansen JH (2018) Paradox management: contradictions and tensions in complex organizations. Springer, Cham
90. Camus A (2013) The myth of Sisyphus. Penguin, New York
91. Thomas E (2012) In search of Lost Art: Kurt Schwitters's Merzbau. MoMA. [Online]. Available: https://www.moma.org/explore/inside_out/2012/07/09/in-search-of-lost-art-kurt-schwitterss-merzbau/. Accessed 15 Jan 2022
92. Grossman ML (1968) The language of dada. J Commun 18(1):4–10
93. Foucault M (2005) Madness and civilisation: a history of insanity in the age of reason. Routledge, London
94. Andrews M (2019) Bar talk: informal social interactions, alcohol prohibition, and invention. Alcohol Prohibition, and Invention
95. Bernstein E, Shore J, Lazer D (2018) How intermittent breaks in interaction improve collective intelligence. Proc Natl Acad Sci 115(35):8734–8739
96. Elsbach KD, Pratt M (2007) The physical environment in organizations. Acad Manag Ann 1(1):181–224
97. Cross R, Rebele R, Grant A (2016) Collaborative overload. Harv Bus Rev 94(1):74–79
98. Bolino MC, William TH (2003) Going the extra mile: cultivating and managing employee citizenship behavior. Acad Manag Perspect 17(3):60–71
99. Furnham A (2000) The brainstorming myth. Bus Strategy 11(4):21–28
100. Cain S (2013) Quiet: The power of introverts in a world that can't stop talking. Broadway Books, New York
101. Steelcase. Susan Cain quiet spaces. [Online]. Available: https://www.steelcase.com/quiet-spaces/#quiet-spaces_be-me. Accessed 10 Nov 2021
102. Bacon F (1986) On adversity. In: The essays (Penguin classics). Penguin, London

103. Gordon J (2000) Creating knowledge maps by exploiting dependent relationships. In: Applications and innovations in intelligent systems VII, pp 64–78
104. Eppler M (2001) Making knowledge visible through intranet knowledge maps: concepts, elements, cases. In: Proceedings of the 34th annual Hawaii international conference on system sciences, Hawaii
105. Web of Science (2022) Clarivate. [Online]. Available: https://clarivate.com/webofsciencegroup/solutions/web-of-science/
106. Google Scholar. Google. [Online]. Available: https://scholar.google.com/
107. Open Knowledge Maps. [Online]. Available: https://openknowledgemaps.org/
108. De Clercq D, Belausteguigoitia I (2019) Coping and laughing in the face of broken promises: implications for creative behavior. Pers Rev
109. Barrett JD, Vessey WB, Griffith JA, Mracek D, Mumford M (2014) Predicting scientific creativity: the role of adversity, collaborations, and work strategies. Creat Res J 26(1):39–52
110. Pepler R, Warner R (1968) Temperature and learning: an experimental study. ASHRAE Trans 74:211–219
111. Norman D (2013) The design of everyday things. Basic Books, New York
112. Marsh P, French S (2020) The GSK workspace performance hub: promoting productivity and wellbeing through office design. Corp Real Estate J 9(4):345–360
113. Office + SpaceIQ (2021) Frictionless workplace. [Online]. Available: https://spaceiq.com/glossary/frictionless-workplace/. Accessed 10 Oct 2021
114. Rosenberger R (2020) On hostile design: theoretical and empirical prospects. Urban Stud 57(4):883–893
115. Dunne A, Raby F (2001) Design noir: the secret life of electronic objects. Springer Science & Business Media, Cham
116. Geiger SW, Cashen LH (2002) A multidimensional examination of slack and its impact on innovation. J Manag Issues 14(1):68–84
117. Leitner J, Meyer M (2013) Organizational slack and innovation. In: Encyclopedia of creativity, invention, innovation and entrepreneurship. Springer Science+ Business Media BV, Cham, pp 1412–1419
118. Katila R, Shane S (2005) When does lack of resources make new firms innovative? Acad Manag J 48(5):814–829
119. Lawton MP, Nahemow L (1973) Ecology and the aging process. In: The psychology of adult development and aging. American Psychological Association, Washington, DC, pp 619–674
120. Helson H (1964) Adaptation level theory. Harper & Row, New York
121. Ivy R, Stephens S (2003) Challenging norms: Eisenman's obsession. Architectural Record. [Online]. Available:

http://archrecord.construction.com/people/interviews/archives/031 0Eisenman-1.asp

122. Mellen J, MacPhee MS (2001) Philosophy of environmental enrichment: past, present, and future. Zoo Biol 20(3):211–226

123. Easter M (2021) The comfort crisis: embrace discomfort to reclaim your wild, happy, healthy self. Rodale Books, New York

124. Goggins D (2018) Can't hurt me: master your mind and defy the odds. Lion Crest

125. Deloitte. Staying fit for competition in body and mind. [Online]. Available: https://www2.deloitte.com/global/en/pages/about-deloitte/articles/athlete-resilience-marcus-elliott.html. Accessed 10 Oct 2021

126. Bandura A, Adams NE (1977) Analysis of self-efficacy theory of behavioral change. Cogn Ther Res 1(4):287–310

127. Levari DE, Gilbert DT, Wilson TD, Sievers B, Amodio D, Wheatley T (2018) Prevalence-induced concept change in human judgment. Science 360(6396):1465–1467

128. World Health Organization (2018) International classification of functioning, disability and health. [Online]. Available: https://www.who.int/standards/classifications/international-classification-of-functioning-disability-and-health. Accessed 10 Jan 2022

129. Burkholder E (2020) Three Ways Beethoven Revolutionized Music. Calgary Philharmonic Orchestra. [Online]. Available: https://calgaryphil.com/three-ways-beethoven-revolutionized-music/

130. Brooks A (2019) This holiday season, we can all learn a lesson from Beethoven. The Washington Post. [Online]. Available: https://www.washingtonpost.com/opinions/this-holiday-season-we-can-all-learn-a-lesson-from-beethoven/2019/12/13/71f21aba-1d0e-11ea-b4c1-fd0d91b60d9e_story.html. Accessed 10 Oct 2021

131. Edoardo S, Smilde AK, Saris WH (2011) Beethoven's deafness and his three styles. BMJ

132. Vallance JK, Gardiner PA, Lynch BM, D'Silva A, Boyle T, Taylor LM, Owen N (2018) Evaluating the evidence on sitting, smoking, and health: is sitting really the new smoking? Am J Public Health 108(11):1478–1482

133. Buckley JP, Hedge A, Yates T, Copeland RJ, Loosemore M, Hamer M, Bradley G, Dunstan DW (2015) The sedentary office: a growing case for change towards better health and productivity. Expert statement commissioned by Public Health England. BJSM:1–2

134. Sullivan LH (1896) The tall office building artistically considered. Lippincott's Magaz:404–409

135. Parvin A (2013) Architecture for the people by the people. [Online]. Available:

https://www.ted.com/talks/alastair_parvin_architecture_for_the_pe
ople_by_the_people. Accessed 10 Oct 2020

136. Ramrattan L (2008) Review: theories of the firm by Demetri Kantarelis.
     Am Econ 52:117–120

Printed in the USA
CPSIA information can be obtained
at www.ICGtesting.com
LVHW061923081023
760490LV00009B/107